U0331378

昌邑市
农业农村图集

黄伟波　尹建国　主编

化学工业出版社

·北京·

内容简介

　　本书主要介绍了昌邑市农业农村经济状况、农业科技现代化成果、农村时代变迁与农业发展概况，总结和展示了昌邑市在农林牧渔业、通信、旅游、教育、卫生、人民生活保障、环境保护等方面所取得的成就。构建了一个认识昌邑、宣传昌邑的直观窗口，也为各级政府、市场主体和科研机构在研究、决策、规划方面提供了丰富的地理信息和经济、社会发展信息。

　　本书图文并茂，数据翔实，可供农业农村行业研究、管理人员和关心农业产业的人士阅读收藏。

图书在版编目（CIP）数据

　　昌邑市农业农村图集/黄伟波，尹建国主编. —北京：化学工业出版社，2020.12
　　ISBN 978-7-122-38025-8

　　Ⅰ.①昌⋯　Ⅱ.①黄⋯ ②尹⋯　Ⅲ.①农村经济发展-昌邑-图集　Ⅳ.①F327.524-64

　　中国版本图书馆CIP数据核字（2020）第239767号

责任编辑：冉海滢　刘　军　　　　　　　　装帧设计：关　飞
责任校对：赵懿桐

出版发行：化学工业出版社（北京市东城区青年湖南街13号　邮政编码100011）
印　　装：中煤（北京）印务有限公司
787mm×1092mm　1/16　印张8¾　字数210千字　2020年12月北京第1版第1次印刷

购书咨询：010-64518888　　　　　　售后服务：010-64518899
网　　址：http://www.cip.com.cn
凡购买本书，如有缺损质量问题，本社销售中心负责调换。

定　　价：120.00元
版权所有　违者必究

本书编辑委员会

主　　任：张清涛

副 主 任：李冠仓　　王大庆　　曲　波　　陆玲玲　　李述友

委　　员：满秀英　　李景波　　夏胜芝　　于宝华　　徐　玮

　　　　　张　涛　　王晓飞　　王晓燕　　王明杰　　王丽君

本书编写人员

主　　编：黄伟波　尹建国

副 主 编：张美芳　徐永芳　朱福庆　姜　涛　李红征

编写人员：杨瑶华　徐跃亮　于金山　宫瑞杰　徐寿春　杨晓燕

　　　　　于丽萍　王坤辉　刘永刚　苏咏梅　陈　凯　王进成

　　　　　张付群　范作晓　姜学祥　苗春凤　陈爱红　徐双玲

　　　　　刘维维　刘知利　张凤英　王伟娜　李　冰　侯海霞

　　　　　李晶华　周艳升　崔秀燕　迟　娜　孙　岩

制　　图：杨晓通　翟家慧　郭颖伟　姜　超　张保亮

前　言

　　"国以民为本，民以食为天。"农业是人类社会的衣食之源、生存之本；农业是国民经济的基础，是支撑国民经济不断发展与进步的保障。时逢盛世，百废俱兴。自新中国成立以来，特别是改革开放以后，政府把农业增长、农村稳定、农民增收作为发展第一要务，农业投入逐年加大，各项强农惠农富农政策全面实施，农业生产取得了较快发展。我省我市农业发展始终坚持以促进农业增效、农民增收为目标，不断优化农业产业结构，持续夯实农业发展基础，加快推进农业标准化建设，着力健全现代农业科技创新体系，扎实推进城乡基本公共服务。农村基础设施得到加强，生产条件大为改善；农业综合生产能力不断提升，特色农业强势崛起；传统农业向现代农业加速转变，农业现代化、市域城镇化、城乡生态化的步伐不断加快；经济繁荣、设施完善、环境优美、文明和谐的社会主义新农村建设稳步推进。

　　昌邑位于潍坊东部，历史悠久，山河村落，地名众多。纵观这些地名，或踪随地理，源出古邑；或因势象形，标志地域；或寄以嘉言，冠以姓氏。既从不同侧面保留着人民群众艰苦奋斗、开发和建设的烙印，又从不同角度记载了自然变迁、历史变革和文明发展的史实。

　　本图集由序图、自然概况、农村经济与生产概况、农村生活概况四部分以及农村变迁、农业发展两个专题报告组成。图集集中展示了昌邑市农业生产的自然资源、基础设施，科技支撑体系，社会条件和农民生活状况，系统反映了新形势下农业发展及新农村建设的巨大成就，内容翔实、丰富。以图文并茂的形式展现出了地域特色，也为后续县域地图集的编制做了有益的尝试。

　　图集使用的地理底图是按照国家 1∶250000 基础地理信息数据，经补充现势资料逐级缩编而成，采用国家 2000 坐标系统，高程基准采用"1985 国家高程基准"。图集采用的统计资料，除特殊标注的外，均截至 2019 年底；专项调查资料以最新调查的时间为准；气候资料采用多年平均值；政区、交通、旅游等内容采用了最新资料，时间截至 2019 年。

　　由于图集涉及内容广泛，编辑工作量大，编者的理论水平和专业知识有限，虽几经校核，仍难免有疏漏之处，请广大读者不吝指正。

编　者

2020 年 9 月

目 录

第一章

序 图

昌邑市
农业农村图集

昌邑市地图

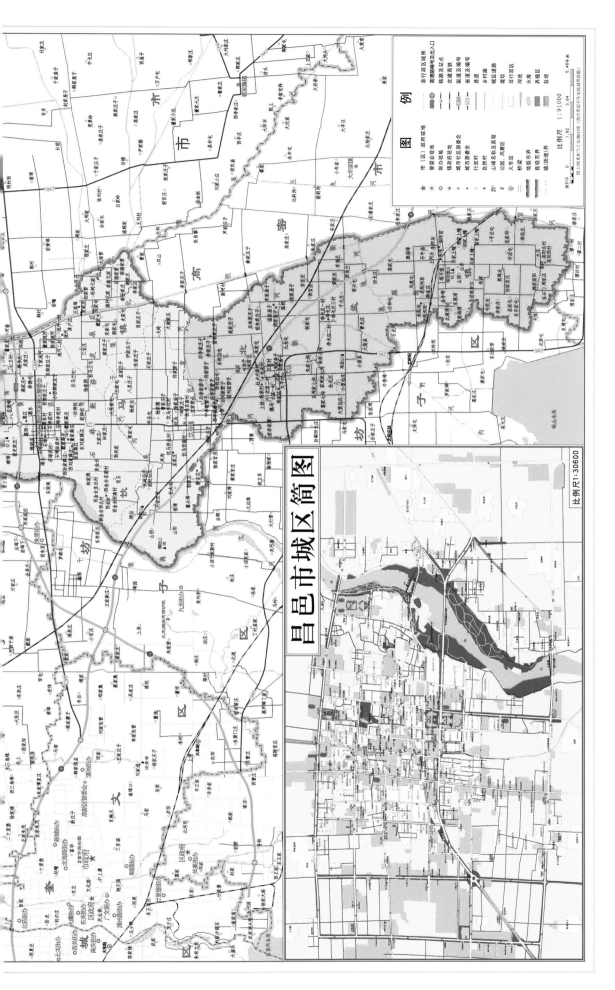

图 1-1　昌邑市地图（资料来源：昌邑市民政局）

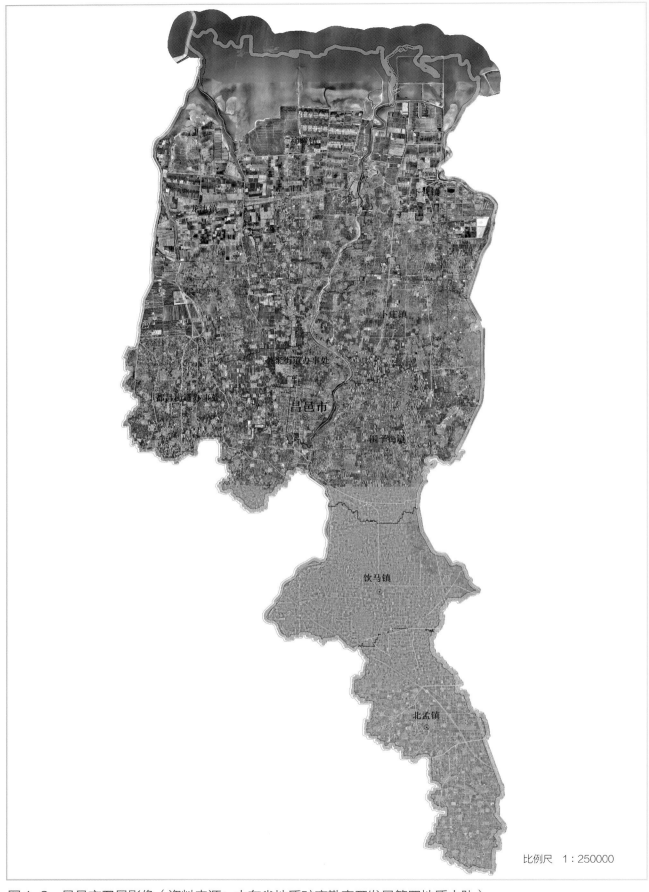

比例尺　1 : 250000

图 1-2　昌邑市卫星影像（资料来源：山东省地质矿产勘查开发局第四地质大队）

● 昌邑市地势图

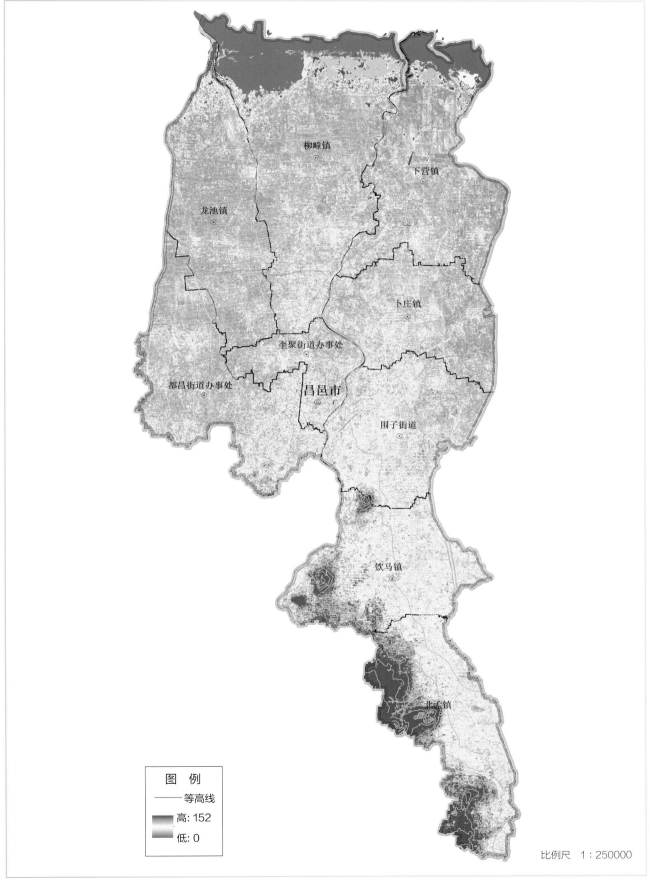

柳疃镇

下营镇

龙池镇

卜庄镇

奎聚街道办事处

都昌街道办事处

昌邑市

围子街道

饮马镇

北孟镇

图 例

——等高线

高: 152

低: 0

比例尺　1：250000

图 1-3　昌邑市地势图（资料来源：山东省地质矿产勘查开发局第四地质大队）

● 昌邑市行政区划图

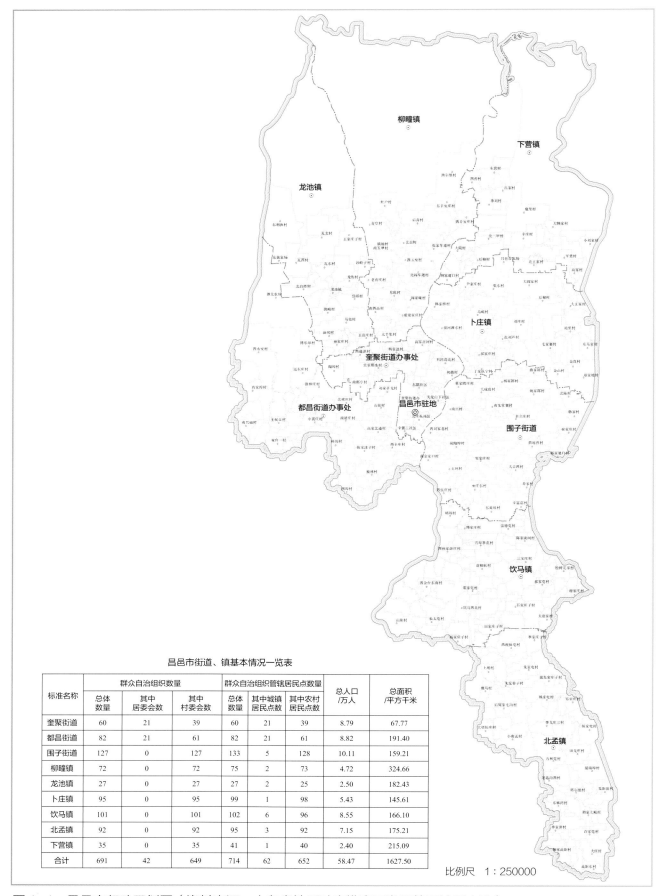

昌邑市街道、镇基本情况一览表

标准名称	群众自治组织数量			群众自治组织管辖居民点数量			总人口/万人	总面积/平方千米
	总体数量	其中居委会数	其中村委会数	总体数量	其中城镇居民点数	其中农村居民点数		
奎聚街道	60	21	39	60	21	39	8.79	67.77
都昌街道	82	21	61	82	21	61	8.82	191.40
围子街道	127	0	127	133	5	128	10.11	159.21
柳疃镇	72	0	72	75	2	73	4.72	324.66
龙池镇	27	0	27	27	2	25	2.50	182.43
卜庄镇	95	0	95	99	1	98	5.43	145.61
饮马镇	101	0	101	102	6	96	8.55	166.10
北孟镇	92	0	92	95	3	92	7.15	175.21
下营镇	35	0	35	41	1	40	2.40	215.09
合计	691	42	649	714	62	652	58.47	1627.50

比例尺　1∶250000

图 1-4　昌邑市行政区划图（资料来源：山东省地质矿产勘查开发局第四地质大队）

● 昌邑市耕地分布图

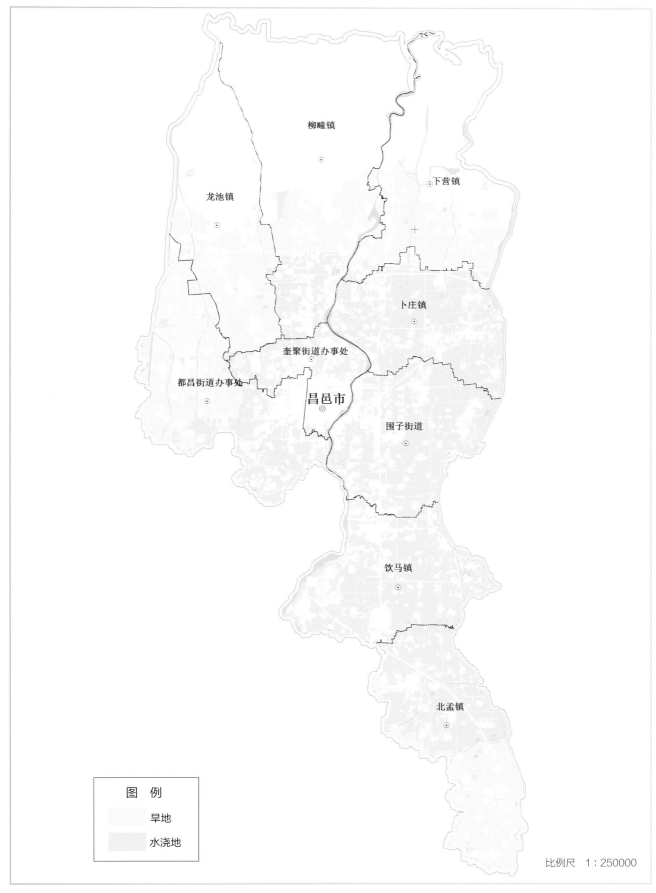

图例

旱地

水浇地

比例尺　1：250000

图 1-5　昌邑市耕地分布图（资料来源：山东省地质矿产勘查开发局第四地质大队）

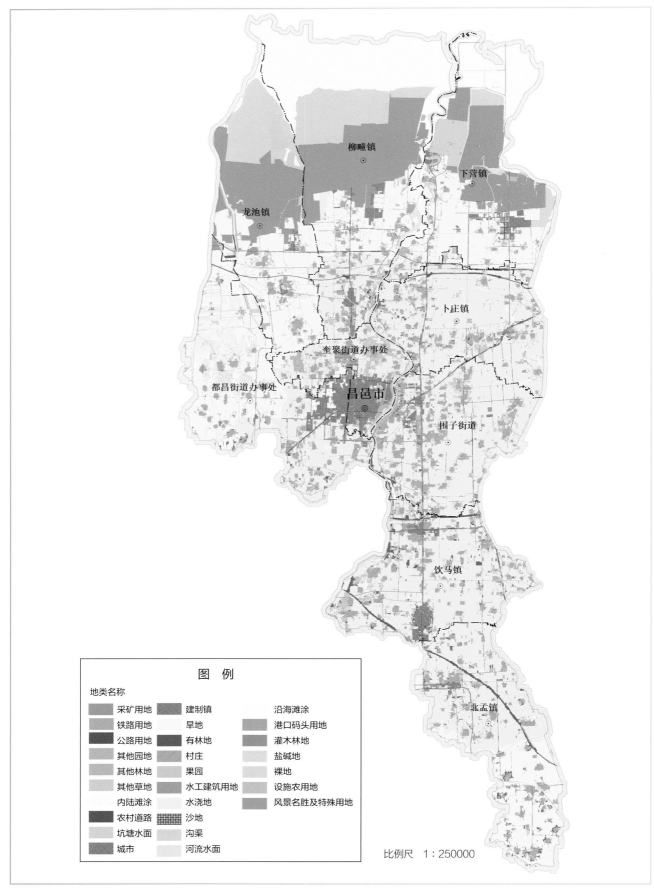

图 1-6　昌邑市 2018 年土地利用现状图（资料来源：山东省地质矿产勘查开发局第四地质大队）

● 昌邑市地质图

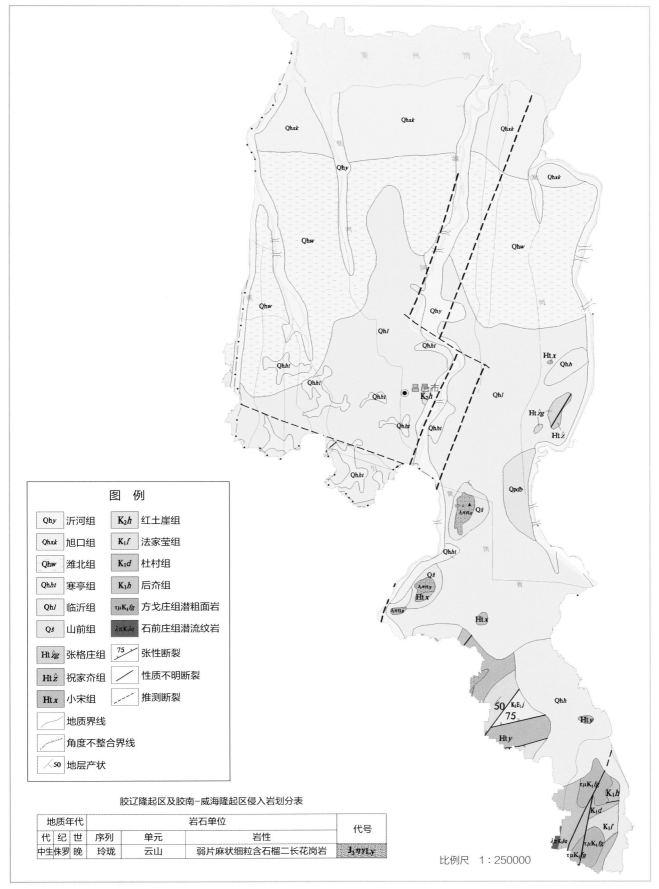

图例

Qhy	沂河组	K₂h	红土崖组
Qhxk	旭口组	K₁f	法家莹组
Qhw	潍北组	K₁d	杜村组
Qhht	寒亭组	K₁h	后乔组
Qhl	临沂组	τμK₁fg	方戈庄组潜粗面岩
Qš	山前组	λπK₁šq	石前庄组潜流纹岩
Ht žg	张格庄组	75	张性断裂
Ht ž	祝家乔组	/	性质不明断裂
Ht x	小宋组	---	推测断裂

地质界线

角度不整合界线

50 地层产状

胶辽隆起区及胶南-威海隆起区侵入岩划分表

地质年代			岩石单位		代号
代	纪	世	序列	单元	岩性	
中生	侏罗	晚	玲珑	云山	弱片麻状细粒含石榴二长花岗岩	J₃ηγLy

比例尺 1：250000

图1-7 昌邑市地质图（资料来源：山东省地质矿产勘查开发局第四地质大队）

● 昌邑市粮食生产功能区和重要农产品生产保护区分布图

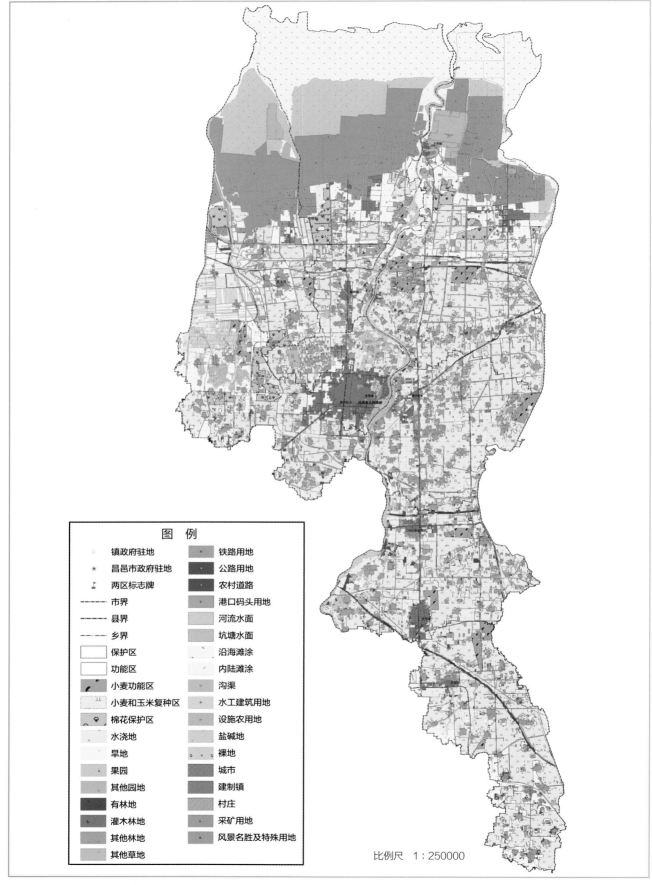

图 例

⊙ 镇政府驻地	铁路用地
★ 昌邑市政府驻地	公路用地
♪ 两区标志牌	农村道路
----- 市界	港口码头用地
— 县界	河流水面
-·-·- 乡界	坑塘水面
保护区	沿海滩涂
功能区	内陆滩涂
小麦功能区	沟渠
小麦和玉米复种区	水工建筑用地
棉花保护区	设施农用地
水浇地	盐碱地
旱地	裸地
果园	城市
其他园地	建制镇
有林地	村庄
灌木林地	采矿用地
其他林地	风景名胜及特殊用地
其他草地	

比例尺　1：250000

图 1-8　昌邑市粮食生产功能区和重要农产品生产保护区分布图（资料来源：山东省地质矿产勘查开发局第四地质大队）

● 昌邑市林地分布图

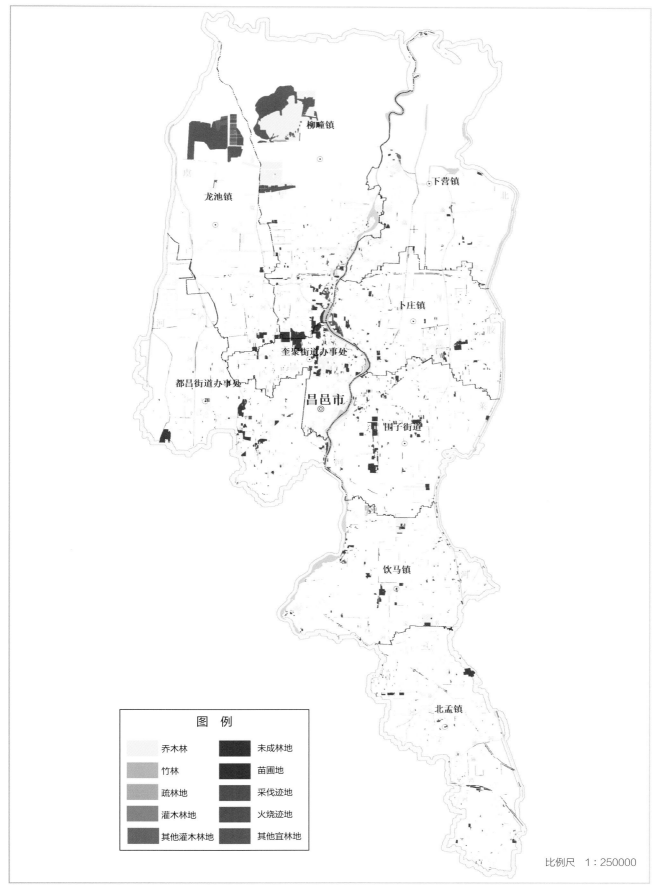

图 1-9　昌邑市林地分布图（资料来源：山东省地质矿产勘查开发局第四地质大队）

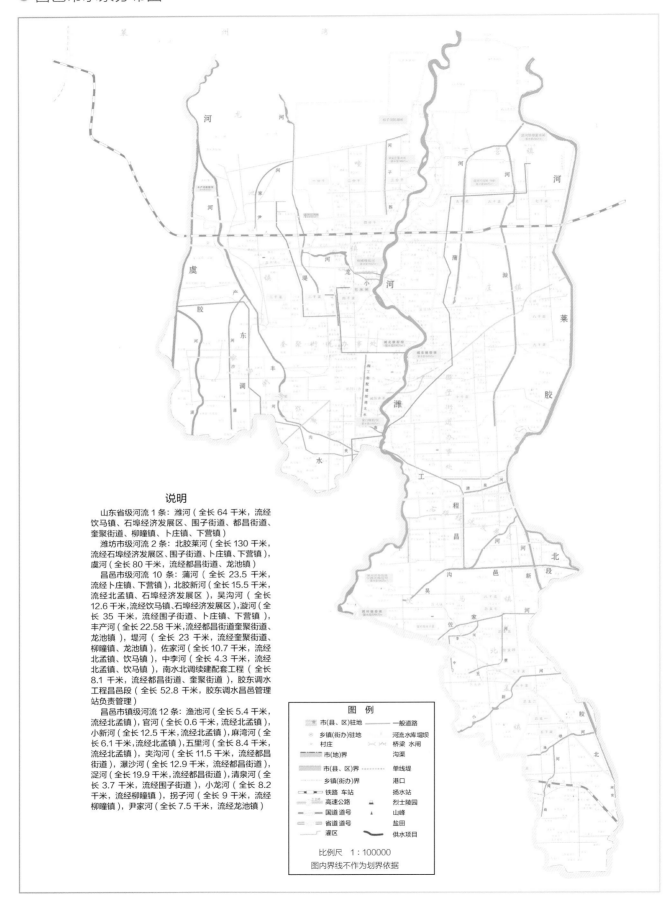

说明

山东省级河流 1 条：潍河（全长 64 千米，流经饮马镇、石埠经济发展区、围子街道、都昌街道、奎聚街道、柳疃镇、卜庄镇、下营镇）。

潍坊市级河流 2 条：北胶莱河（全长 130 千米，流经石埠经济发展区、围子街道、卜庄镇、下营镇），虞河（全长 80 千米，流经都昌街道、龙池镇）。

昌邑市级河流 10 条：蒲河（全长 23.5 千米，流经卜庄镇、下营镇），北胶新河（全长 15.5 千米，流经北孟镇、石埠经济发展区），吴沟河（全长 12.6 千米，流经饮马镇、石埠经济发展区），潇河（全长 35 千米，流经围子街道、卜庄镇、下营镇），丰产河（全长 22.58 千米，流经都昌街道奎聚街道、龙池镇），堤河（全长 23 千米，流经奎聚街道、柳疃镇、龙池镇），佐家河（全长 10.7 千米，流经北孟镇、饮马镇），中李河（全长 4.3 千米，流经北孟镇、饮马镇），南水北调续建配套工程（全长 8.1 千米，流经都昌街道、奎聚街道），胶东调水工程昌邑段（全长 52.8 千米，胶东调水昌邑管理站负责管理）。

昌邑市镇级河流 12 条：渔池河（全长 5.4 千米，流经北孟镇），官河（全长 0.6 千米，流经北孟镇），小新河（全长 12.5 千米，流经北孟镇），麻湾河（全长 6.1 千米，流经北孟镇），五里河（全长 8.4 千米，流经北孟镇），夹沟河（全长 11.5 千米，流经都昌街道），瀑沙河（全长 12.9 千米，流经都昌街道），泜河（全长 19.9 千米，流经都昌街道），清泉河（全长 3.7 千米，流经柳疃镇），小龙河（全长 8.2 千米，流经柳疃镇），拐子河（全长 9 千米，流经柳疃镇），尹家河（全长 7.5 千米，流经龙池镇）。

图 例		
市(县、区)驻地	一般道路	
乡镇(街办)驻地	河流水库堤坝	
村庄	桥梁 水闸	
市(地)界	沟渠	
市(县、区)界	单线堤	
乡镇(街办)界	港口	
铁路 车站	扬水站	
高速公路	烈士陵园	
国道道号	山峰	
省道道号	盐田	
灌区	供水项目	

比例尺　1∶100000

图内界线不作为划界依据

图 1-10　昌邑市水系分布图（资料来源：昌邑市水利局）

图 1-11 昌邑市交通图（资料来源：昌邑市交通局）

比例尺　1：100000

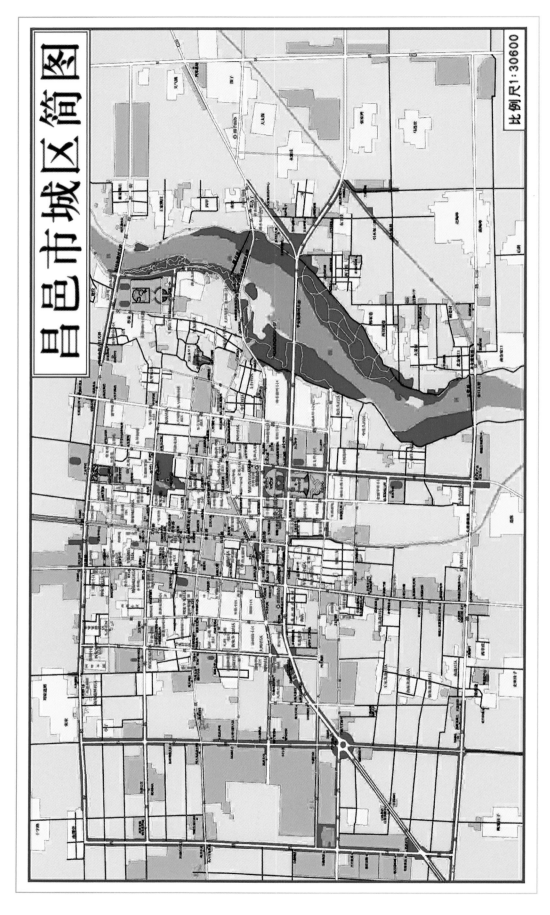

● 昌邑市城区简图

图1-12　昌邑市城区简图（资料来源：昌邑市民政局）

● 昌邑市地貌图

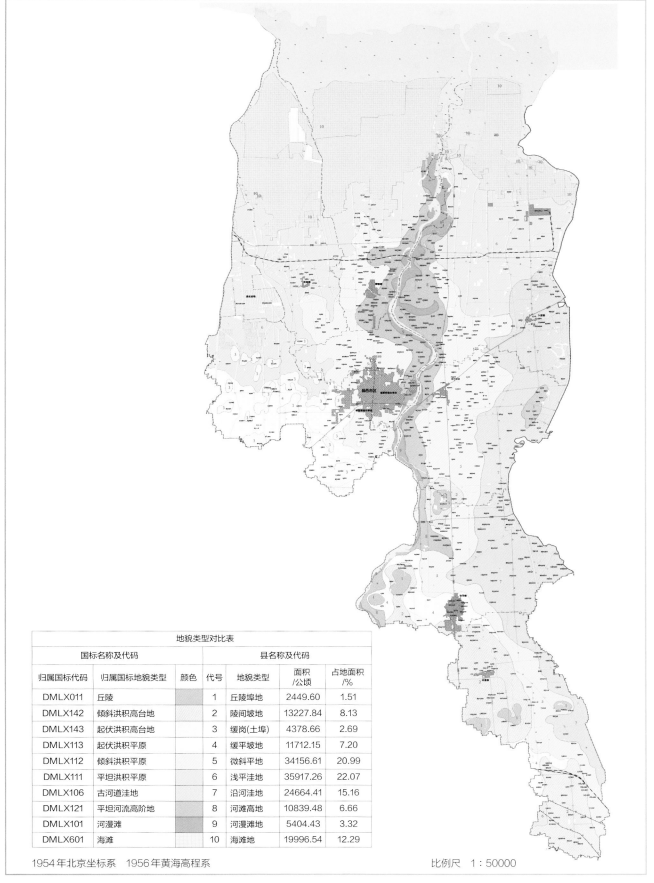

地貌类型对比表						
国标名称及代码			县名称及代码			
归属国标代码	归属国标地貌类型	颜色	代号	地貌类型	面积/公顷	占地面积/%
DMLX011	丘陵		1	丘陵埠地	2449.60	1.51
DMLX142	倾斜洪积高台地		2	陵间坡地	13227.84	8.13
DMLX143	起伏洪积高台地		3	缓岗(土埠)	4378.66	2.69
DMLX113	起伏洪积平原		4	缓平坡地	11712.15	7.20
DMLX112	倾斜洪积平原		5	微斜平地	34156.61	20.99
DMLX111	平坦洪积平原		6	浅平洼地	35917.26	22.07
DMLX106	古河道洼地		7	沿河洼地	24664.41	15.16
DMLX121	平坦河流高阶地		8	河滩高地	10839.48	6.66
DMLX101	河漫滩		9	河漫滩地	5404.43	3.32
DMLX601	海滩		10	海滩地	19996.54	12.29

1954年北京坐标系　1956年黄海高程系　　　　　　　　　　　　　比例尺　1：50000

图 1-13　昌邑市地貌图（资料来源：山东省地质矿产勘查开发局第四地质大队）

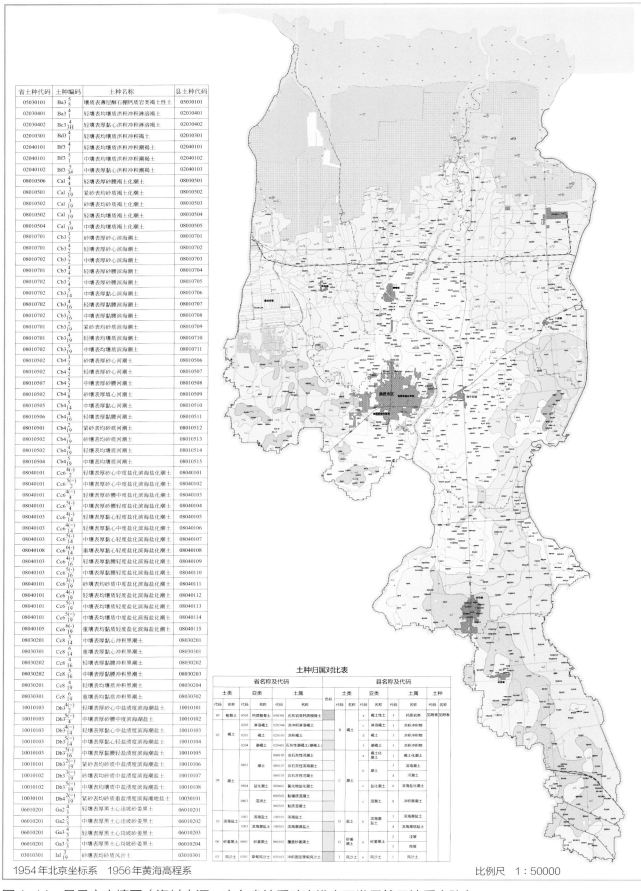

省土种代码	土种编码	土种名称	县土种代码
05030101	Ba3 $\frac{5}{5}$	壤质表薄层酥石棚钙质岩类褐土性土	05030101
02030401	Ba3 $\frac{4}{1}$	轻壤表均壤质洪积冲积淋溶褐土	02030401
02030402	Bc3 $\frac{4}{3H}$	轻壤表壤黏心洪积冲积淋溶褐土	02030402
02010301	Bd3 $\frac{4}{1}$	轻壤表均壤质洪积冲积褐土	02010301
02040101	Bf3 $\frac{4}{1}$	轻壤表均壤质洪积冲积潮褐土	02040101
02040101	Bf3 $\frac{5}{1}$	中壤表均壤质洪积冲积潮褐土	02040102
02040102	Bf3 $\frac{5}{3H}$	中壤表壤黏心洪积冲积潮褐土	02040103
08010506	Cal $\frac{4}{4}$	轻壤表厚砂腰褐土化潮土	08010501
08010501	Cal $\frac{2}{19}$	紧砂表均砂质褐土化潮土	08010502
08010502	Cal $\frac{3}{19}$	砂壤表均砂质褐土化潮土	08010503
08010502	Cal $\frac{4}{19}$	轻壤表均壤质褐土化潮土	08010504
08010504	Cal $\frac{5}{19}$	中壤表均壤质褐土化潮土	08010505
08010701	Cb3 $\frac{3}{2}$	砂壤表厚砂心滨海潮土	08010701
08010701	Cb3 $\frac{3}{4}$	轻壤表厚砂心滨海潮土	08010702
08010702	Cb3 $\frac{5}{3}$	中壤表厚砂心滨海潮土	08010703
08010702	Cb3 $\frac{4}{4}$	轻壤表厚砂腰滨海潮土	08010704
08010702	Cb3 $\frac{5}{4}$	中壤表厚砂腰滨海潮土	08010705
08010702	Cb3 $\frac{5}{14}$	中壤表厚黏心滨海潮土	08010706
08010702	Cb3 $\frac{4}{16}$	轻壤表厚黏腰滨海潮土	08010707
08010702	Cb3 $\frac{5}{16}$	中壤表厚黏腰滨海潮土	08010708
08010701	Cb3 $\frac{2}{19}$	紧砂表均砂质滨海潮土	08010709
08010701	Cb3 $\frac{4}{19}$	轻壤表均壤质滨海潮土	08010710
08010702	Cb3 $\frac{5}{19}$	中壤表均壤质滨海潮土	08010711
08010502	Cb4 $\frac{3}{2}$	砂壤表厚砂心河潮土	08010506
08010502	Cb4 $\frac{4}{4}$	轻壤表厚砂心河潮土	08010507
08010507	Cb4 $\frac{5}{4}$	中壤表厚砂腰河潮土	08010508
08010502	Cb4 $\frac{4}{3}$	砂壤表壤填心河潮土	08010509
08010505	Cb4 $\frac{5}{14}$	中壤表厚黏心河潮土	08010510
08010506	Cb4 $\frac{4}{16}$	轻壤表厚黏腰河潮土	08010511
08010501	Cb4 $\frac{2}{19}$	紧砂表均砂质河潮土	08010512
08010502	Cb4 $\frac{3}{19}$	砂壤表均壤质河潮土	08010513
08010502	Cb4 $\frac{4}{19}$	轻壤表均壤质河潮土	08010514
08010504	Cb4 $\frac{5}{19}$	中壤表均壤质河潮土	08010515
08040101	Cc6 $\frac{4(-)}{19}$	轻壤表均砂心中度盐化滨海盐化潮土	08040101
08040101	Cc6 $\frac{5(-)}{2}$	中壤表均砂心轻度盐化滨海盐化潮土	08040102
08040101	Cc6 $\frac{4(-)}{4}$	轻壤表厚砂腰中度盐化滨海盐化潮土	08040103
08040101	Cc6 $\frac{5(-)}{4}$	中壤表厚砂腰轻度盐化滨海盐化潮土	08040104
08040103	Cc6 $\frac{5(-)}{14}$	中壤表厚黏心轻度盐化滨海盐化潮土	08040105
08040103	Cc6 $\frac{4(-)}{14}$	中壤表厚黏心中度盐化滨海盐化潮土	08040106
08040103	Cc6 $\frac{5(-)}{14}$	中壤表厚黏心轻度盐化滨海盐化潮土	08040107
08040108	Cc6 $\frac{6(-)}{14}$	重壤表厚黏心轻度盐化滨海盐化潮土	08040108
08040101	Cc6 $\frac{4(-)}{16}$	轻壤表厚黏腰轻度盐化滨海盐化潮土	08040109
08040103	Cc6 $\frac{5(-)}{16}$	中壤表厚黏腰轻度盐化滨海盐化潮土	08040110
08040101	Cc6 $\frac{3(-)}{19}$	砂壤表均砂质中度盐化滨海盐化潮土	08040111
08040101	Cc6 $\frac{4(-)}{19}$	轻壤表均壤质轻度盐化滨海盐化潮土	08040112
08040101	Cc6 $\frac{5(-)}{19}$	中壤表均壤质轻度盐化滨海盐化潮土	08040113
08040101	Cc6 $\frac{5(-)}{19}$	中壤表均壤质中度盐化滨海盐化潮土	08040114
08040105	Cc6 $\frac{6(-)}{19}$	重壤表均黏质轻度盐化滨海盐化潮土	08040115
08030201	Cc8 $\frac{5}{14}$	中壤表厚黏心冲积黑潮土	08030201
08030301	Cc8 $\frac{6}{14}$	重壤表厚黏心冲积黑潮土	08030301
08030202	Cc8 $\frac{4}{16}$	轻壤表厚黏腰冲积黑潮土	08030202
08030202	Cc8 $\frac{5}{16}$	中壤表厚黏腰冲积黑潮土	08030203
08030201	Cc8 $\frac{4}{19}$	轻壤表均壤质冲积黑潮土	08030204
08030301	Cc8 $\frac{6}{19}$	重壤表均黏质冲积黑潮土	08030302
10010103	Db3 $\frac{4(-)}{19}$	轻壤表均砂心中盐渍度滨海潮盐土	10010101
10010103	Db3 $\frac{5(-)}{4}$	中壤表厚砂腰中度滨海潮盐土	10010102
10010103	Db3 $\frac{4(-)}{14}$	轻壤表厚黏心中盐渍度滨海潮盐土	10010103
10010103	Db3 $\frac{5(-)}{14}$	中壤表厚砂心轻盐渍度滨海潮盐土	10010104
10010103	Db3 $\frac{5(-)}{16}$	中壤表厚黏腰轻盐渍度滨海潮盐土	10010105
10010101	Db3 $\frac{2(-)}{19}$	紧砂表均砂质中盐渍度滨海潮盐土	10010106
10010102	Db3 $\frac{3(-)}{19}$	砂壤表均砂质中盐渍度滨海潮盐土	10010107
10010102	Db3 $\frac{5(-)}{19}$	中壤表均壤质中盐渍度滨海潮盐土	10010108
10030101	Db4 $\frac{2(-)}{1}$	紧砂表均砂质重盐渍度滨海滩地盐土	10030101
06010201	Ga2 $\frac{4}{5}$	轻壤表厚黑土心注坡砂姜黑土	06010201
06010201	Ga2 $\frac{5}{5}$	中壤表厚黑土心注坡砂姜黑土	06010202
06010201	Ga3 $\frac{4}{5}$	轻壤表厚黑土心岗坡砂姜黑土	06010203
06010201	Ga3 $\frac{5}{5}$	中壤表厚黑土心岗坡砂姜黑土	06010204
03010301	Ial $\frac{4}{19}$	砂壤表均砂质风沙土	03010301

土种归属对比表

省名称及代码 土类代码	名称	亚类代码	名称	土属代码	名称	色标	县名称及代码 土类代码	名称	亚类代码	名称	土属代码	名称	土种代码	名称
05	粗骨土	0501	钙质粗骨土	050101	石灰岩类钙质粗骨土		B	褐土	a	褐土性土	1	钙质岩类		见附表
02	褐土	0203	淋溶褐土	020304	洪冲积淋溶褐土				c	淋溶褐土	3	洪积冲积物		
		0201	褐土		褐土				d	褐土	4	洪积冲积物		
		0204	潮褐土	020401	石灰性潮褐土(潮褐土)				f	潮褐土		洪积冲积物		
08	潮土	0801	潮土	080105	非石灰性河潮土		C	潮土	a	褐土化潮土	1	褐土化潮土		
				080107	非石灰性滨海潮土				b	潮土	3	滨海潮土		
					非石灰性河潮土							河潮土		
		0804	盐化潮土	080401	氯化物盐化潮土				c	盐化潮土	4	滨海盐化潮土		
		0803	沼泽土	080302	黏壤质沼泽土				e	沼泽土		冲积黑潮土		
					黏质沼泽土									
10	滨海盐土	1001	滨海盐土	100101	滨海盐土		D	盐土	b	滨海盐土	3	滨海潮盐土		
		1003	滨海潮盐土	100301	滨海潮盐土						4	滨海滩地盐土		
06	砂姜黑土	0601	砂姜黑土	060102	覆盖砂姜黑土		G	砂姜黑土	a	砂姜黑土	2	注坡		
											3	岗坡		
03	风沙土	0301	风沙土	030103	冲积固定草甸风沙土		A	风沙土	a	风沙土	1	风沙土		

1954年北京坐标系　1956年黄海高程系

比例尺　1:50000

图1-14　昌邑市土壤图（资料来源：山东省地质矿产勘查开发局第四地质大队）

昌邑市 农业农村图集

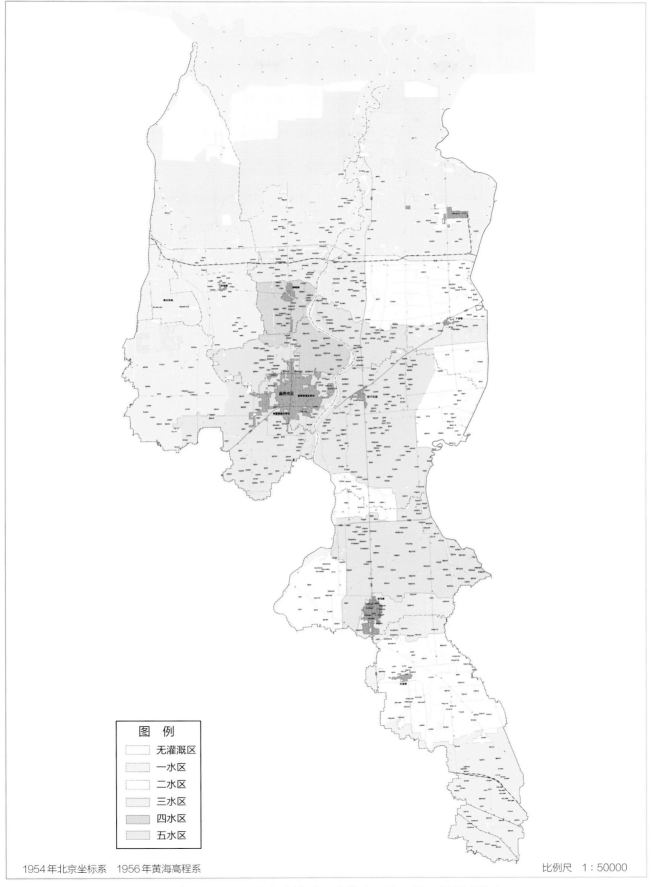

图 1-15　昌邑市灌溉分区图（资料来源：山东省地质矿产勘查开发局第四地质大队）

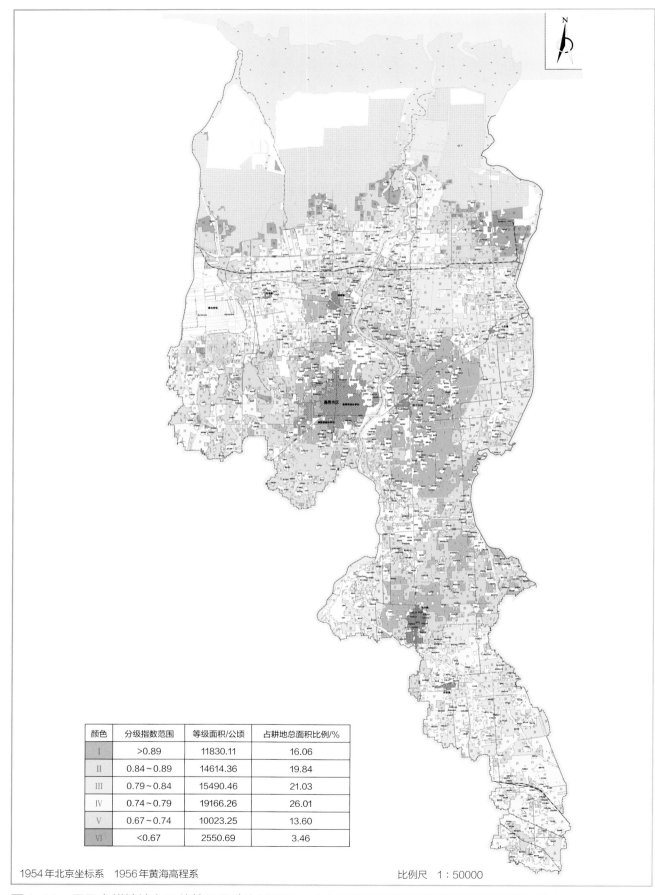

颜色	分级指数范围	等级面积/公顷	占耕地总面积比例/%
I	>0.89	11830.11	16.06
II	0.84～0.89	14614.36	19.84
III	0.79～0.84	15490.46	21.03
IV	0.74～0.79	19166.26	26.01
V	0.67～0.74	10023.25	13.60
VI	<0.67	2550.69	3.46

1954年北京坐标系　1956年黄海高程系

比例尺　1：50000

图 1-16　昌邑市耕地地力评价等级图（资料来源：山东省地质矿产勘查开发局第四地质大队）

● 昌邑市坡度图

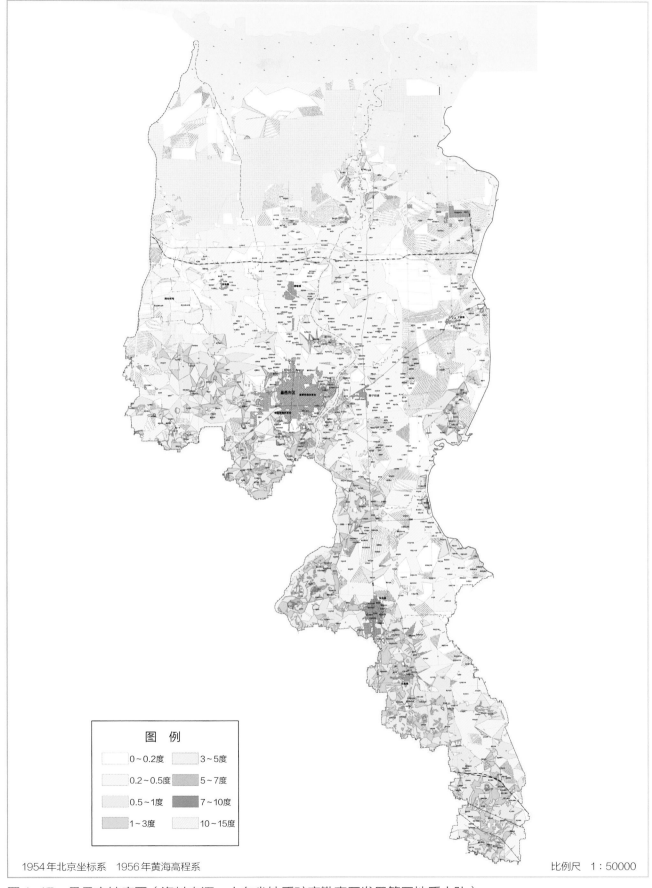

图 例

0~0.2度		3~5度	
0.2~0.5度		5~7度	
0.5~1度		7~10度	
1~3度		10~15度	

1954年北京坐标系　1956年黄海高程系

比例尺　1:50000

图 1-17　昌邑市坡度图（资料来源：山东省地质矿产勘查开发局第四地质大队）

昌邑市
农业农村图集

第二章

昌邑市自然概况

第一节 | 自然条件

一、地理位置

昌邑市位于山东半岛西北部，渤海莱州湾南岸，地处东经 119°12′34″~ 119°37′21″，北纬 36°26′21″~ 37°11′28″，隶属山东省潍坊市。东与烟台莱州市、青岛平度市隔胶莱河相望，东南与潍坊高密市接壤，西南与潍坊坊子区毗邻，西接潍坊市寒亭区，北濒莱州湾，是一个纵长横窄的带状冲积平原。土地总面积 162772.64 公顷。人民政府驻市区内奎聚街道平安街 1669 号，电话区号 0536，邮政编码 261300，距潍坊市政府驻地 30 千米。

二、行政区域划分

2015 年末，辖有奎聚、都昌、围子 3 个街道，龙池、柳疃、卜庄、饮马、北孟、下营 6 个镇，共 9 个乡级政区；辖有 649 个村民委员会，42 个城市社区。

三、人口

2015 年末，辖区户籍人口 58.47 万人。其中城镇人口 24.12 万人，城镇化率 41.25%。另有流动人口 2.7 万人。总人口中，男性 29.12 万人，占 49.8%；女性 29.35 万人，占 50.2%。总人口中，以汉族为主，达 58.4 万人，占 99.89%；有哈尼族、朝鲜族、彝族、蒙古族等 30 个少数民族，共 671 人，占 0.11%。2015 年，户籍人口出生率 10.40‰，人口死亡率 8.14‰，人口自然增长率 0.83‰。

2018 年末，全市常住人口 61.84 万人，户籍人口 58.68 万人。全年出生人口 5023 人，出生率为 8.55‰，死亡人口 4512 人，死亡率为 7.68‰；全年净增人口 511 人，自然增长率 0.87‰，如图 2-1 所示。

昌邑市人口分布情况如图 2-2 所示。

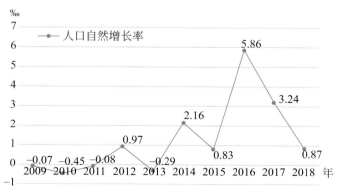

图 2-1　昌邑市户籍人口自然增长率

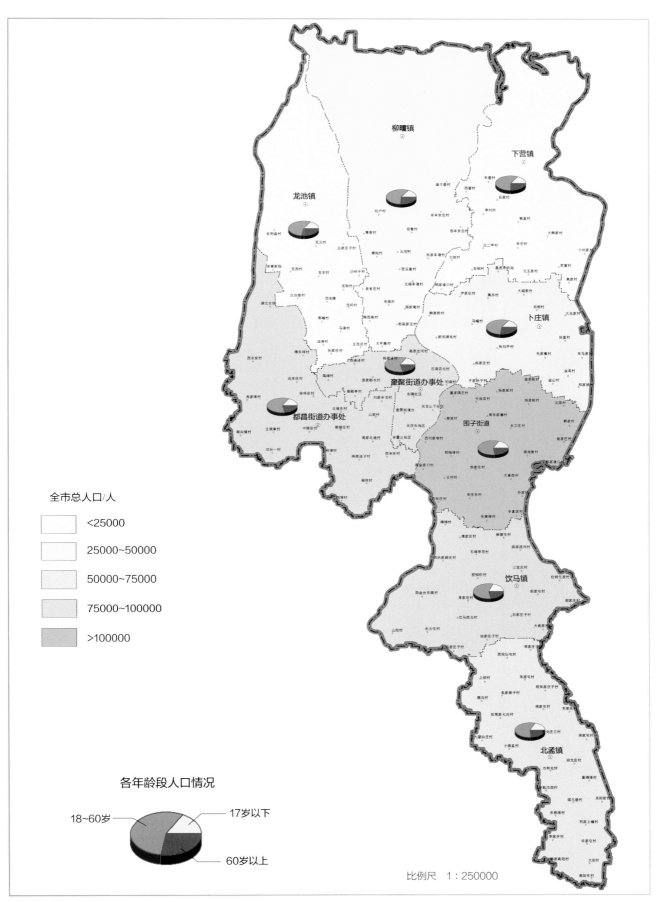

全市总人口/人

<25000

25000~50000

50000~75000

75000~100000

>100000

各年龄段人口情况

18~60岁   17岁以下

60岁以上

比例尺   1:250000

图 2-2　昌邑市人口分布情况（资料来源：山东省地质矿产勘查开发局第四地质大队）

第二节 | 气候条件

昌邑市属暖温带半湿润大陆性季风气候区,四季分明,过渡平缓。春季干燥,风大易旱;夏季湿热多雨,间有伏旱;秋季温和凉爽,时有阴雨;冬季干冷,雨雪稀少。

一、日照

全年平均日照时数为 2600 小时,日照率为 59%。日平均气温稳定通过 0℃期间,日照时数为 2098.5 小时,占全年的 80.46%;日平均气温稳定通过 20℃期间,实际日照时数为 818.1 小时,占全年的 31.37%。一年中实际平均日照时数以 6 月最多,为 276.5 小时,日照率为 65%。

二、气温

多年平均气温 12.8℃。1 月平均气温 −2.6℃,极端最低气温 −19.0℃(1981 年 1 月 28 日)。7 月平均气温 26.2℃,极端最高气温 41.3℃(2009 年 6 月 25 日)。无霜期年平均 198 天。从 2009 年至 2018 年的统计结果来看,十年来年平均气温在 12.4 ~ 14℃之间变化。其中 2012 年平均气温最低,为 12.4℃,2017 年平均气温最高为 14℃。

三、降水量

多年平均降水量 604.5 毫米,且时空分布不均匀,春季(3 ~ 5 月)降水量占 13.96%,夏季(6 ~ 9 月)降水量占 73.48%,秋季降水量(10 月至次年 2 月)占 12.56%。全年蒸发量为 1337.5 毫米,为降水量的 2.2 倍。昌邑市 2018 年气象情况如表 2−1 所示。

表2-1　昌邑市2018年气象情况

指标名称	1月	2月	3月	4月	5月	6月	7月	8月	9月	10月	11月	12月	全年
平均气温/℃	-2.2	0	8.2	14.4	19.6	24	27.3	27.2	21.3	14.2	8.5	0.1	13.6
最高气温/℃	12	17.2	29.3	30.9	34.1	36.1	34.9	34.9	32	26.3	19.3	14.6	36.1
出现日期/月	14	23	13	两天	14	21	14	两天	3	2	3	2	6月21日
最低气温/℃	-11.9	-11.7	-5.5	1.6	9.2	15	19.8	19.3	12.6	3.7	-0.1	-10.5	-11.9
出现日期/日	24	4	9	7	4	1	2	31	两天	30	22	29	1月24日
降水量/毫米	3.9	3.5	24.3	36.5	126.4	175.6	291	238.5	45	50.6	12.4	13.2	1021.4
降水日数/天	4	3	3	5	10	10	11	11	7	3	5	5	77
一日最大降水量/毫米	1.6	1.7	17	29.9	59.8	42.6	128.8	143.8	24.1	38.5	8.6	8.7	143.8
出现日期/日	28	28	4	22	16	25	15	20	20	9	8	2	8月20日
最长连续无降水日数/天	23	20	13	19	9	12	10	10	10	18	9	20	23
日照时数/小时	111.8	133.7	175.6	219.7	222.6	225.4	215.1	230.1	198.4	232.6	127.1	122.7	2214.8
终霜和初霜日			17								10		无霜期237天

第三节 | 地貌类型

昌邑市地形特征是南部阜陵，中部平原，北部盐碱涝洼。辖区地势自南而北逐渐降低。南部由低山丘陵组成，中、北部广大地区，是倾斜平原与滨海洼地（图 2-3）。

辖区有大小山阜 20 座，河流近 30 条，最高点在饮马镇西部的博陆山，河流和地表径流自南向北偏东方向流动。海岸线长 35 千米，海拔 0 ~ 88.05 米。最低点在北部沿海，海拔 3 ~ 6 米。

根据地貌形态特征和成因、地面组成物质及人类活动的影响，全市地貌大体可分为三个类型，分别为阜陵坡地、微斜平地、滨海浅平洼地。地貌类型有南部剥蚀残丘区、中部冲洪积平原区、北部滨海浅平洼地区三类。

南部剥蚀残丘区：位于饮马以南，海拔一般 20 ~ 70 米，比降较大，水土流失较重，除局部地区外地下淡水资源缺乏。

中部冲洪积平原区：位于石埠至夏店一带，海拔一般 6 ~ 20 米。坡降 1/4000 ~ 1/2000，地势平坦，该区土层深厚，土壤肥力较高，地下水丰富，为高产农区。

北部滨海浅平洼地区：北邻莱州湾，南以咸淡水分界线为界，由海相沉积物、河流沉积物叠次而成，地势低平，坡降小于 1/4000。本区受海水影响，地下水位高，潜水矿化度高，受盐碱威胁大，北部有大面积的海滩地，土壤含盐量高，中部为盐化潮土，南部为潮土。

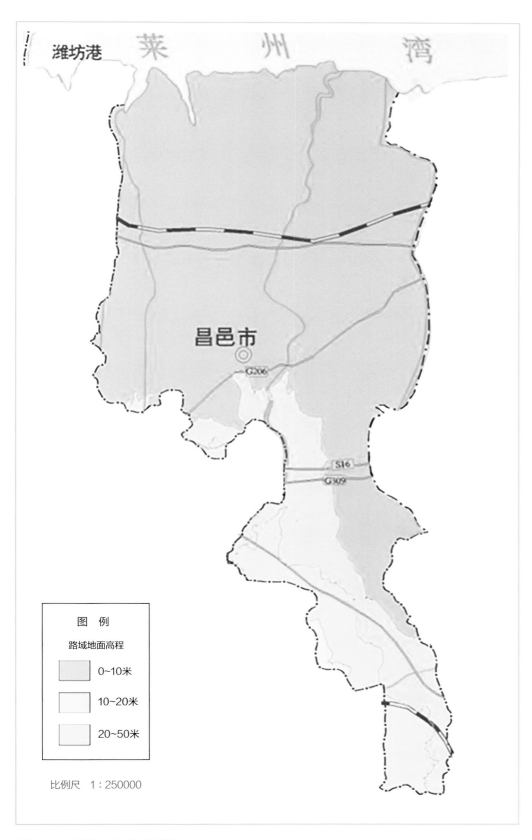

潍坊港　莱　州　湾

昌邑市
◎
G206

S16
G309

图　例
路域地面高程

0~10米

10~20米

20~50米

比例尺　1：250000

图 2-3　昌邑市地势高程图

第四节 | 土壤概况

一、土壤种类及分布

全市土壤有褐土、砂姜黑土、潮土和盐土 4 类，有 10 个亚类、14 个土属。

褐土主要分布于南部阜陵地区及围子街道的密埠和都昌街道的土埠。成土母质是钙质岩风化物或洪积冲积物，该土类大多有坚硬的犁底层和黏土淀积层，严重影响植物根系下扎，有机质含量不高，土壤呈微碱性。该土类由于所处部位为缓岗阜陵，水土流失较重。

砂姜黑土主要分布于北孟镇、饮马镇、围子街道等沿胶莱河一带。成土母质为冲积物和浅潮沼泽沉积物，该土类表层质地适中，有机质含量较高，但心土层黏重，影响植物根系下扎，60 厘米左右有砂姜，砂姜层厚，漏肥漏水。

潮土主要分布于饮马以北至瓦城、王家庄子、灶户、辛安庄、李刘、辛庄和小韩一线。该土成土母质为河流沉积物，土层深厚，耕层多为轻壤，理化性状较好。但接近北界地区受地下潜水影响，土壤含盐量较高，多为盐化潮土，潍河沿岸土壤质地多为粉砂，为风沙化地区。

盐土分布于潮土区以北，在全市最北部，大部分位于沿海滩涂。该土成土母质为海相沉积物和河流沉积物，地下水埋藏浅，矿化度高，一般 10 ～ 50 克 / 升，局部大于 50 克 / 升，土壤盐碱。该土类仅有滨海盐土一个亚类，有盐碱土属和重盐碱土属，盐碱土属农作物尚能适应，重盐碱土属农作物不适应。近年来，大面积的抽卤制盐，使地下水下降，沿海滩涂土壤含盐量下降。该土质地为粉砂，其地域为风沙化地区。

二、母质

　　母质是形成土壤的基础物质，决定土壤的理化性状，对土壤的形成和肥力有着很大的影响。昌邑市多属第四纪土壤，母质多为冲积物，局部地区为坡积洪积物、洪积冲积物和海相沉积物。

　　市境南部岩性多为钙质岩，局部酸性岩，母质为坡积洪积物、洪积冲积物。中部潍河沿岸岩性为酸性岩风化物，母质为冲积物。北部岩性为酸性岩和钙质岩混合风化物，母质为冲积物和海相沉积物。

　　潍河发源于沂山北麓箕山，纵贯南北，流经昌邑百余千米。由于在历史上屡次决口改道，因而本市北部土壤多为潍河冲积物。

　　昌邑北部滨海地区底层母质多为海相沉积物，含盐量很高，地表虽有河流冲积覆盖，但盐随潜水上升，成为盐化土，近海地区海相沉积母质裸露即为海滩地。

第五节 │ 水文地质

昌邑市南部为低山丘陵区，北部为河流冲洪积及海积平原区，地层、岩性复杂、构造发育。根据本区地层岩性、地质构造、地貌形态和水文地质条件，昌邑市跨三个一级水文地质区，又进一步依据所处位置、含水性和成因类型等将潍北平原水文地质区和潍西南中低山丘陵水文地质区划分了二级水文地质亚区。水文地质分区情况见表2-2，水文地质图见图2-4。

表2-2 昌邑市水文地质分区表

一级水文地质区		二级水文地质区	
代号	名 称	代号	名 称
I	潍北平原水文地质区	I$_1$	潍北山前冲洪积平原水文地质亚区
		I$_2$	潍北冲洪积平原水文地质亚区
		I$_3$	潍北滨海平原水文地质亚区
II	潍西南中低山丘陵水文地质区	II$_1$	潍西南中低山水文地质亚区
		II$_2$	潍中南中低山丘陵水文地质亚区
III	潍东南丘陵水文地质区	III	潍东南丘陵水文地质亚区

潍北平原水文地质区（I）分布于胶济铁路以北广阔平原，主要岩性为第四系冲洪积形成的中粗砂、粉砂、粉砂质黏土以及冲积海积形成的粉细砂、亚砂土、亚黏土。其厚度分布不均，从南到北由薄变厚，颗粒由粗变细，含水层由单层变为多层，孔隙水的运动形态为补给径流型-径流、开采（淡水）排泄型-开采（卤水）、径流排泄型。潍北平原水文地质区中上部冲洪积扇的轴部及外围、河流两侧第四系孔隙水最为发育。昌邑市北部滨海平原区分布着广泛的卤水资源，浅层卤水单井涌水量一般500～1000米^3/日，水位埋深一般2～10米，局部受卤水开采的影响埋深较大。矿化度一般＞2克/升。

潍西南中低山丘陵水文地质区（II）主要发育碳酸盐岩类裂隙岩溶水和基岩裂隙水。昌邑市主要为基岩裂隙水含水岩组，岩性为太古代泰山群变质岩、白垩系砂岩、凝灰岩、安山岩、新生代玄武岩、砂岩等。岩石结构致密，含风化裂隙水，单井出水量一般＜100米^3/日。在昌乐南部、坊子等地为玄武岩分布区，含孔洞裂隙水，单井出水量在500米^3/日，水质好，矿化度＜1克/升。

潍东南丘陵水文地质区（III）分布于昌邑市南部，主要岩性为白垩系砂岩、砾岩、页岩、火山角砾岩、凝灰岩等，为碎屑岩类裂隙水，风化裂隙发育深度＜40米，水位埋深一般6～22米，单井出水量＜100米^3/日，矿化度一般＜1克/升。

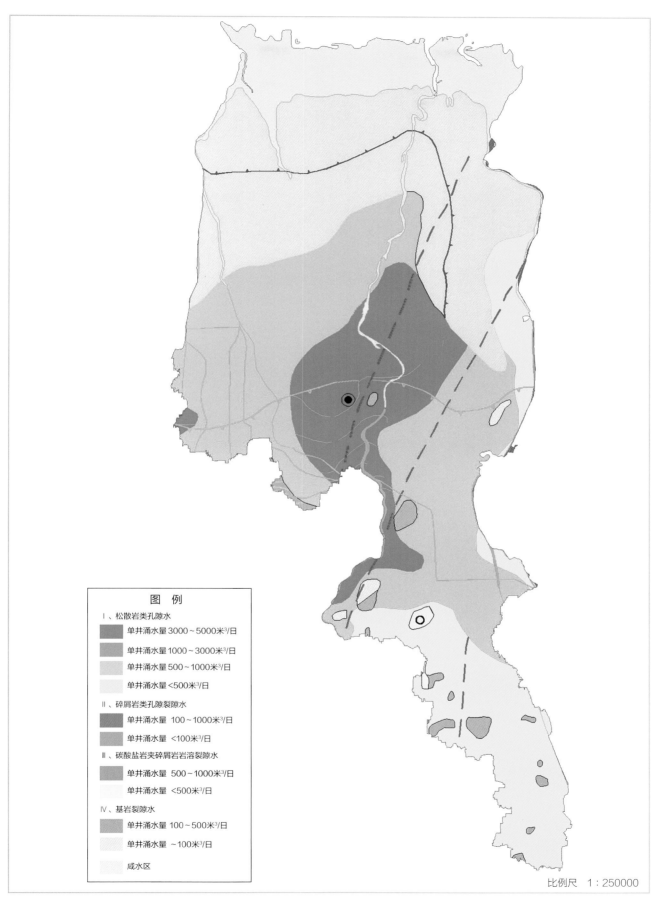

图例

I、松散岩类孔隙水
- 单井涌水量3000～5000米³/日
- 单井涌水量1000～3000米³/日
- 单井涌水量500～1000米³/日
- 单井涌水量<500米³/日

II、碎屑岩类孔隙裂隙水
- 单井涌水量 100～1000米³/日
- 单井涌水量 <100米³/日

III、碳酸盐岩夹碎屑岩岩溶裂隙水
- 单井涌水量 500～1000米³/日
- 单井涌水量 <500米³/日

IV、基岩裂隙水
- 单井涌水量 100～500米³/日
- 单井涌水量 ～100米³/日
- 咸水区

比例尺　1：250000

图 2-4　水文地质图（资料来源：山东省地质矿产勘查开发局第四地质大队）

第六节 | 水系概况

　　昌邑市域水网密布，全市共 26 条河流，总长 465.78 千米，多为季节性河流。其中自然河流 23 条，人工渠道 3 条（胶东调水渠道、引黄入峡渠道、南水北调续建配套工程）。境内河流按其流域分为四大水系，从东向西依次为北胶莱河水系、潍河水系、堤河水系、虞河水系，如图 2-5 所示。

　　山东省省级河流（1 条）：潍河，发源于沂山北麓官庄乡箕山之泉沟。潍河总长 246 千米，总流域面积 6367 平方千米。南从坊子区入境，北至下营镇入莱州湾，流经昌邑市境内 64 千米，流经饮马镇、石埠经济发展区、围子街道、都昌街道、奎聚街道、柳疃镇、卜庄镇、下营镇，流域面积 300 平方千米。河床宽度 300 ~ 500 米，最大流量 7850 米 ^{3}/ 秒，属季节性河流，支流有拐子河。

　　潍坊市市级河流：北胶莱河，全长 130 千米，总流域面积 3900 平方千米。南从高密市入境，北至下营镇北汇入莱州湾，流经昌邑市境内 51 千米，流经石埠经济发展区、围子街道、卜庄镇、下营镇，流域面积 738.6 平方千米，最大洪峰流量 925 米 ^{3}/ 秒，属季节性河流。支流有官河、麻湾河、渔池河、小新河、五里河、中李河、佐家河、吴沟河、清泉河、蒲河、漩河 11 条。中为潍河水系和堤河水系。

　　潍坊市市级河流：虞河，全长 80 千米，总流域面积 890 平方千米。流经昌邑市境内 29 千米，流经都昌街道、龙池镇，流域面积 301 平方千米。支流有夹沟河、瀑沙河、泥河、丰产河。主要河道有胶莱河、潍河三级河 2 条，长 125.6 千米；渔池河、夹沟河、瀑沙河、泥河、丰产河、堤河、虞河四级河 7 条，总长 168.2 千米。河流总长度 293.8 千米，河网密度 0.181 千米 / 千米 ^{2}，径流总量 1.1 亿立方米。

　　昌邑市市级河流（10 条）：蒲河（全长 23.5 千米，流经卜庄镇、下营镇），北胶新河（全长 15.5 千米，流经北孟镇、石埠经济发展区），吴沟河（全长 12.6 千米，流经饮马镇、石埠经济发展区），漩河（全长 35 千米，流经围子街道、卜庄镇、下营镇），丰产河（全长 22.58 千米，流经都昌街道、奎聚街道、龙池镇），佐家河（全长 10.7 千米，流经北孟镇、饮马镇），中李河（全长 4.3 千米，流经北孟镇、饮马镇），堤河（全长 23 千米，流经北孟镇、饮马镇），南北水调续建配套工程（全长 8.1 千米，流经都昌街道、奎聚街道），胶东调水工程昌邑段（全长 52.8 千米，胶东调水昌邑管理站负责管理）。

　　潍河和胶莱河是昌邑市境内的两条主要河流，流域内土质较软，易于耕植；岸边水草充足，利于放牧；水文条件优越，便于灌溉。

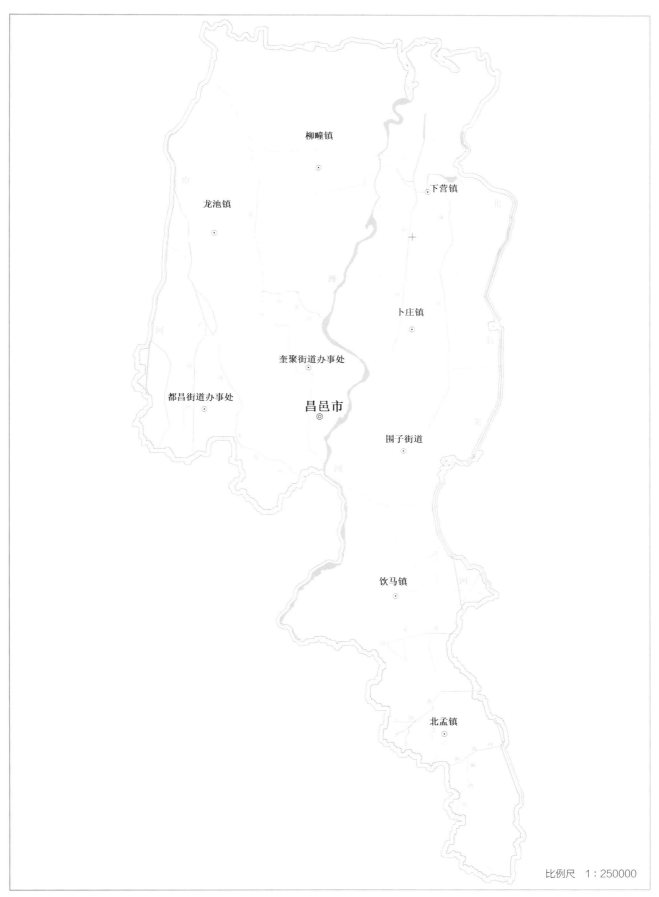

比例尺 1:250000

图2-5 河流分布图（资料来源：山东省地质矿产勘查开发局第四地质大队）

第七节 | 资源概况

一、植物资源

昌邑市特殊的地理位置、气候条件，立地类型的多样性，为丰富多样的植物的生长发育提供了良好条件。全市范围内有木本植物 46 科 113 属 404 种（包括变种、变型）。主要用材树种有：黑杨、毛白杨、旱柳、白榆、刺槐、国槐、泡桐、银杏、法桐、臭椿等；主要经济树种有：苹果、梨、桃、杏、李子、葡萄、石榴、枣、山楂、柿子、板栗、胡桃、桑、紫穗槐等。草本植物主要有獐毛、结缕草、狗尾草、牛筋草、碱茅、白茅、芦苇、马唐、稗、荆三棱、香附、碱蓬、车前、牵牛、罗布麻、蛇床、苍耳、茵陈蒿、白头翁、蒲公英、金银花等。

昌邑市植物种类分布广泛，因地处沿海，地下水位对植物的生长作用非常关键。不同的海拔高度分布着不同的植被类型：海拔 2.8 米以下，主要是以碱蓬、盐地碱蓬（黄须菜）为主的一年生草本群落；海拔 2.8 ~ 3.1 米为多年生灌草群落，灌木为怪柳，草本植物主要有茵陈蒿、獐毛、盐地碱蓬等；海拔 3.1 米以上至咸淡水分界线分布着盐生、非盐生乔木，灌木、草本植物群落，乔木树种主要有刺槐、绒毛白蜡、枣、白榆、旱柳等，灌木主要有怪柳、紫穗槐等，草本植物主要有罗布麻、白茅、芦苇、马唐等。南部丘陵区以落叶阔叶树木为主，上层乔木主要是杨树、刺槐等；灌木主要是黄荆、酸枣等；下层草本植物主要是菅草、苔草、狗尾草等。中部平原地带以小麦、玉米等农作物为主，农田林网和丰产林以欧美杨为主。

全市现有古树 191 株，分属 13 科 17 属 21 种。主要树种有国槐、白榆、板栗、侧柏、海棠、山阳梨、白梨、胡桃、黄杨、龙爪槐、山楂、柿树、丝棉木、酸枣、小叶朴、圆柏、文冠果、枣树、柘树、金丝吊蝴蝶（陕西卫矛）等。按保护级别分为三级，其中一级保护古树 31 株，二级保护古树 74 株，三级保护古树 86 株，各镇、街区均有分布。

二、野生动物资源

昌邑市野生动物资源十分丰富，有野生动物 10 门 26 纲 100 目 420 科 1551 种（含亚种）。其中国家一级保护动物 6 种，全部为鸟类：东方白鹳、中华秋沙鸭、白尾海雕、金雕、丹顶鹤、大鸨，国家二级保护动物 36 种：斑嘴鹈鹕、海鸬鹚、黄嘴白鹭、白琵鹭、白额雁、大天鹅、小天鹅、鸳鸯、雀鹰、松雀鹰、苍鹰、赤腹鹰、白尾鹞、鹊鹞、凤头蜂鹰、黑鸢、栗鸢、大鵟、灰脸鵟鹰、红隼、红脚隼、燕隼、灰背隼、黄爪隼、灰鹤、白枕鹤、小杓鹬、小青脚鹬、黑浮鸥、长耳鸮、短耳鸮、红角鸮、领角鸮、雕鸮、斑头鸺鹠、纵纹腹小鸮。山东省重点保护动物 55 种。

三、矿藏及其他自然资源

昌邑市位于潍坊、烟台、青岛三市交界处，交通便捷，矿产资源较为丰富。目前已发现矿种 20 余种，其中探明储量的 11 种，已进行地质勘探并开发利用的主要有石油、天然气、铁、石英、膨润土、地下卤水等，现主要矿种查明资源储量的为铁矿、天然卤水、石英、矿泉水。昌邑市北部地下卤水资源丰富，目前已开发盐田 80 万亩，年产原盐 400 万吨，溴素 4 万吨，2012 年度昌邑市被中国矿业联合会授予"中国溴盐之乡"的称号。

铁矿主要分布于境内南部和东部地区，呈近南北向的狭长带状分布，累计探明铁矿石储量 1.8223 亿吨。已开采的非金属矿种主要有：石英岩，分布于饮马镇以北的吕山至青龙山一带，地质储量为 3684 万吨；建筑用石料，储量 30 万立方米；卤水，分布于北部沿海，总储量 16.8 亿立方米；石油，矿产地（潍北油田）1 处，位于柳疃镇，可开采储量 1320 万吨；天然气，位于柳疃镇，各类探井 49 口，可开采储量为 6.79 亿立方米，含气面积 5.3 平方千米。

其他自然资源有耕地 110.5 万亩，林地 4.9 万亩。地表水多年平均径流总量约 7.97 亿立方米，其中客水流入 6.6 亿立方米，多年地表径流可利用总量 2.65 亿立方米。另外引黄济青、引黄济烟水渠从市域北部穿过，可利用水量为 3400 立方米。境内地下水总储量约 1.5 亿立方米。

四、滩涂资源

滩涂资源（图 2-6、图 2-7），海岸线东起胶莱河口，西至虞河口，长 53 千米，潮间滩涂 20 万亩，浅海在 −2 米等深线以内面积 30 万亩。海鱼有黄姑鱼、小黄鱼、鲈鱼、梭鱼等。天然淡水鱼 33 种，分属 8 个科。此外还有虾类、蟹类、螺类、多毛类、海贝类等。植物资源有灌木类 64 种，杂草类 242 种，水生浮游植物类 21 种。

图 2-6　沿海滩涂

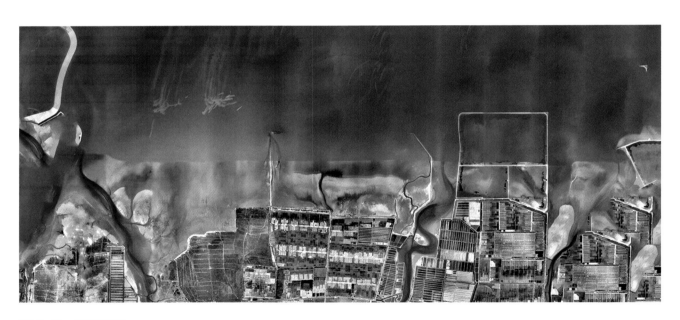

图 2-7　滩涂影像

昌邑市 农业农村图集

五、自然灾害

主要自然灾害有旱灾、涝灾、风灾、雹灾、霜冻、风暴潮、地震等。旱灾是境内主要自然灾害之一，持续时间长，发生比较频繁。

2002年6月，全市遭遇了百年不遇的干旱，秋季农作物严重减产，尤其丘陵地区几近绝产，部分村庄出现人畜吃水困难，造成直接经济损失达上亿元。涝灾近年较少，只在汛期降水偏多的年份或强降水过程相对集中年份发生。雹灾在境内常见，有较强的区域性和局部性，对农作物破坏性很大。霜冻多发生在3、4月份，易对果树和农作物等造成危害。每逢大潮日，若遇暴风雨天气和东北风时，极易发生风暴潮。

1992年8月31日至9月2日，特大暴风雨袭击并引发海潮，平均降水量172.8毫米，风力6～8级，阵风10级以上，潮位高达3.3米。冲毁沿海防潮大坝1.5万米、泄水闸4座、道路120千米，流失土石方180万方；140个闸门及池埂被冲毁；化掉原盐15万吨、卤水506万立方米；6.4万亩养虾池和3000公顷盐田受损，其中5000亩虾池绝产；10只渔船沉没。直接经济损失累计1.5亿元。

昌邑市

农业农村图集

第三章

农村经济与生产概况

第一节 | 农业与农村经济概况

一、地区生产总值

地区生产总值（地区GDP）是指本地区所有常住单位在一定时期内生产活动的最终成果。地区生产总值等于各产业增加值之和。

据地区生产总值、产业结构初步核算，2018年，全市实现地区生产总值470.37亿元（图3-1），同比增长6.3%（按可比价计算，下同）。按常住人口计算，人均地区生产总值达到76067元，同比增长6.3%。第一产业增加值47.81亿元，同比增长1.8%；第二产业增加值227.71亿元，同比增长7.3%；第三产业增加值194.85亿元，同比增长6.1%。三次产业构成比例达到10.2：48.4：41.4。

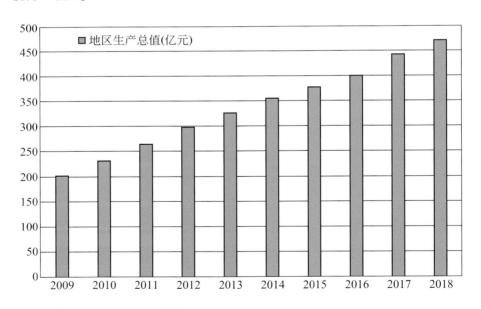

图3-1 地区生产总值（2009～2018年）

二、财政税收

2018 年，全市财政总收入实现 69.37 亿元，同比增长 37.4%。其中，一般公共财政收入 31.71 亿元（图 3-2），同比增长 3%。一般公共财政支出 44.69 亿元，同比增长 10%（图 3-3）。各项支出中，一般公共服务支出 3.64 亿元，同比增长 18.8%；公共安全支出 1.96 亿元，同比下降 4%；教育支出 9.57 亿元，同比增长 0.2%；社会保障和就业支出 5.88 亿元，同比增长 8.8%；医疗卫生与计划生育支出 3.32 亿元，同比增长 9.5%；农林水支出 4.75 亿元，同比增长 2.2%。实现税收总收入 60.3 亿元（图 3-4），同比增长 47.9%。分产业看，第二产业实现税收 51.14 亿元，同比增长 60.7%，其中工业提供税收 48.7 亿元，同比增长 61.2%；第三产业实现税收 9.12 亿元，同比增长 2.2%。第三产业税收占总税收的比重为 15.1%。

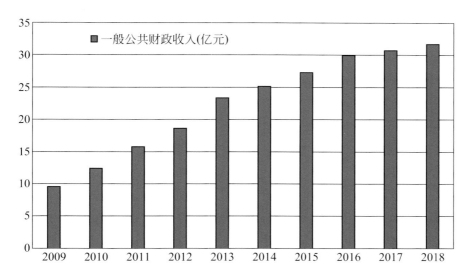

图 3-2　一般公共财政收入

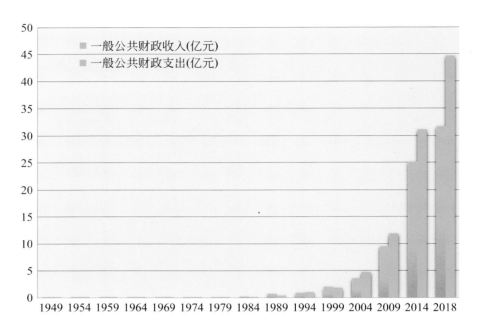

图 3-3　历年财政收支情况

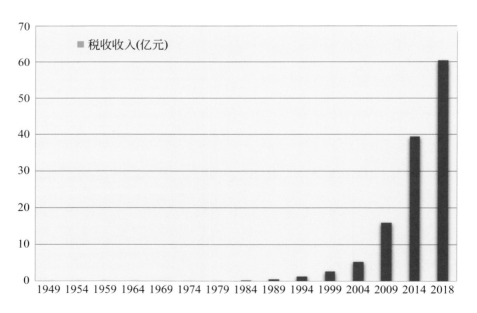

图 3-4　历年税收情况

三、非公有（民营）经济

2018 年，全市民营经济单位 5.56 万户，同比增长 17.8%；从业人员达到 22.58 万人，同比增长 9.6%；注册资本 378.17 亿元，同比增长 23%；纳税额 21.07 亿元，同比增长 15%。其中，私营企业 7800 户，同比增长 18.2%；从业人员 10.14 万人，同比增长 2.6%；注册资本 303.13 亿元，同比增长 25.5%；纳税额 8.08 亿元，同比增长 10.7%。个体工商户 4.64 万户，同比增长 18.2%；从业人员 10.59 万人，同比增长 17.9%；注册资本 47.61 亿元，同比增长 15.4%；纳税额 1.42 亿元，同比增长 27.7%。

农民专业合作社 1408 户，同比增长 5.9%；成员数 1.84 万人，同比增长 6.7%；出资总额 27.44 亿元，同比增长 11.4%。

四、固定资产投资

2018 年，全市固定资产投资同比增长 8.5%。分产业看，第一产业投资同比增长 142.3%；第二产业投资同比下降 3.7%；第三产业投资同比增长 25.2%。工业技改投资同比增长 17.9%，房地产投资同比增长 19.5%，商品房销售面积同比增长 15.5%。

五、金融

2018 年，全市金融机构本外币各项存款余额 432.2 亿元，较年初减少 1.1 亿元，下降 0.2%；其中，住户存款余额 323.2 亿元，较年初增加 22.6 亿元，增长 7.5%；货款余额 262.4 亿元，较年初增加 10.1 亿元，增长 4%。公共财政预算收入情况如图 3-5 所示。2018 年，179 家企业完成规范化公司制改制，30 家企业在齐鲁股权交易中心挂牌。与潍坊银行、建设银行潍坊分行、潍坊市农村信用合作社联合社达成 220 亿元合作协议，金控集团担保委托贷款 14.2 亿元。

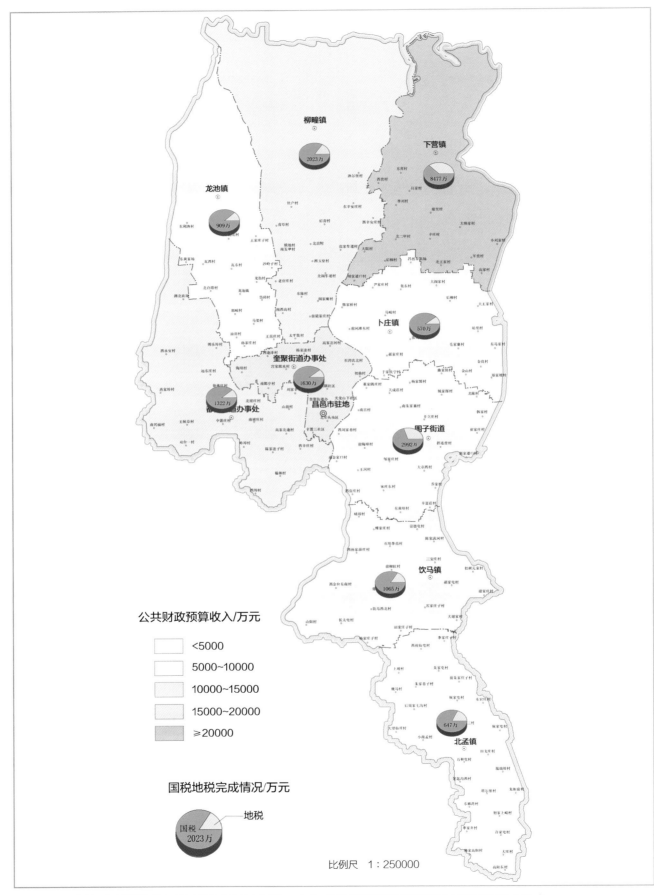

图 3-5　公共财政预算收入示意图（资料来源：山东省地质矿产勘查开发局第四地质大队）

第二节 | 农林牧渔业

　　2018年，全市完成农林牧渔业总产值92.26亿元，同比增长2.8%（按可比价计算，下同）。其中，农业产值32.58亿元，同比增长4.9%；林业产值0.67亿元，同比增长0.6%；牧业产值21.91亿元，同比下降1.3%；渔业产值26.91亿元，同比增长1%；农林牧渔服务业产值10.20亿元，同比增长11.8%（图3-6）。内部结构进一步得到优化调整。

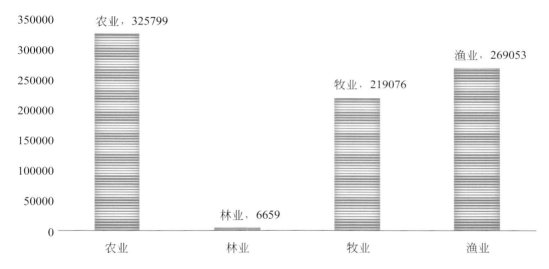

图3-6　2018年农林牧渔业总产值（万元）

农林牧渔业总产值指以货币表现的农林牧渔业全部产品和对农林牧渔业生产活动进行的各种支持性服务活动的价值总量，它反映一定时期内农林牧渔业生产总规模和总成果（图 3-7）。1957 年以前的农林牧（副）渔业总产值中包括了厩肥和农民自给性手工业（如农民自制衣服、鞋、袜，自己从事粮食初步加工等）。1958 年及以后，林业中增加了村及村以下竹木采伐产值；牧业中取消了厩肥产值；副业中取消了农民自给性手工业产值，增加了村及村以下办的工业产值；渔业中增加了海洋捕捞水产品产值。1980 年及以后，在副业中增加了农民家庭兼营工业商品部分的产值。从 1984 年起，村及村以下工业产值划归工业。从 1993 年起取消副业，将野生动物的捕猎划入牧业，野生植物采集和农民家庭兼营商品性工业划归农业。从 2003 年起，执行新的国民经济行业分类标准，农林牧渔业总产值中包括了农林牧渔服务业产值，林业中增加了森林采运业产值，农业中取消了家庭兼营商品性工业产值，将野生林产品的采集划归林业。

农林牧渔业总产值的计算通常是将农、林、牧、渔业产品及其副产品的产量分别乘以各自单位产品价格求得；少数生产周期较长、当年没有产品或产品产量不易统计的，则采用间接方法匡算其产值；然后将四业产品产值相加即为农林牧渔业总产值。

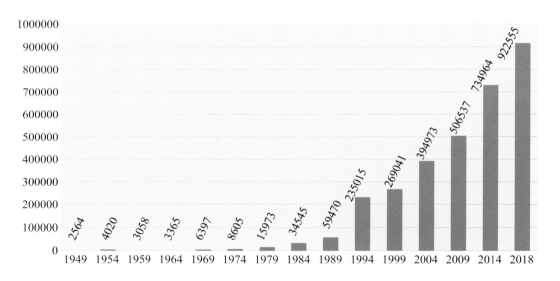

图 3-7　农林牧渔业总产值（万元）

一、农业

新中国成立以后，特别是改革开放以来，在党和政府带领下，全市狠抓粮食生产的同时，大力发展多种经营和非农产业，着力培育优势农产品和优势产业带，不仅保持了粮食生产能力的稳步提高，农业和农村经济结构也不断优化，农业区域化布局逐步形成，农业总产值大幅提升（图 3-8）。

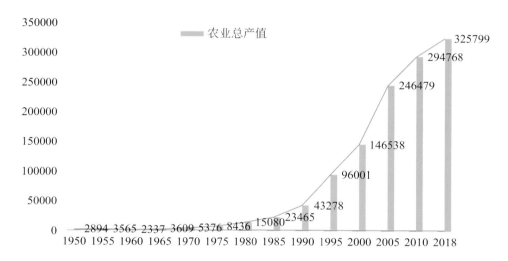

图 3-8　昌邑市农业总产值（万元）

农作物播种面积指实际播种或移植有农作物的面积。凡是实际种植有农作物的面积，不论种植在耕地上还是种植在非耕地上，均包括在农作物播种面积中。在播种季节基本结束后，因遭灾而重新改种和补种的农作物面积，也包括在内。它是反映我国耕地面积利用情况的一个重要指标。目前，农作物播种面积中农作物主要包括粮食、棉花、油料、糖料、麻类、烟叶、蔬菜和瓜果、药材及其他农作物九大类。昌邑粮田种植以小麦、玉米一年两熟为主。

1. 粮食作物播种面积及产量

2018 年，全市粮食播种面积 121.05 万亩，同比增长 2.1%；产量 49.82 万吨，同比下降 2.1%。其中，夏粮产量 28.59 万吨，同比增长 11.7%；秋粮产量 21.23 万吨，同比下降 16.1%（图 3-9 ~ 图 3-12）。

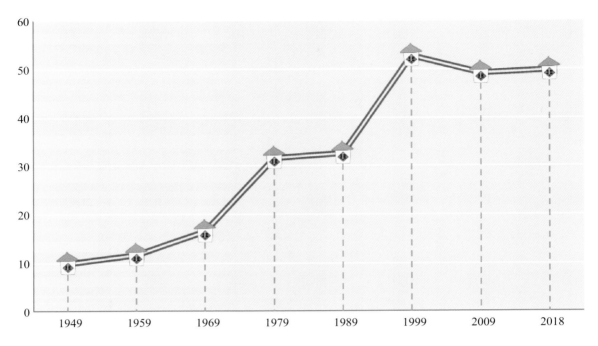

图 3-9 粮食总产量（万吨）

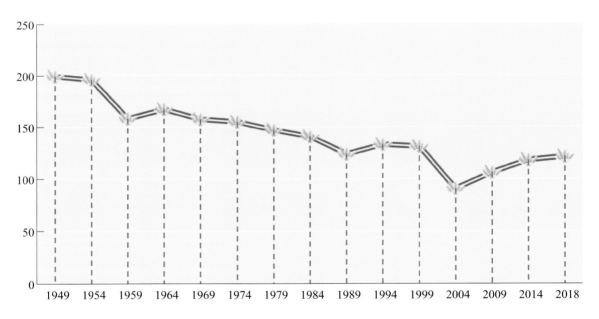

图 3-10 粮食播种面积（万亩）

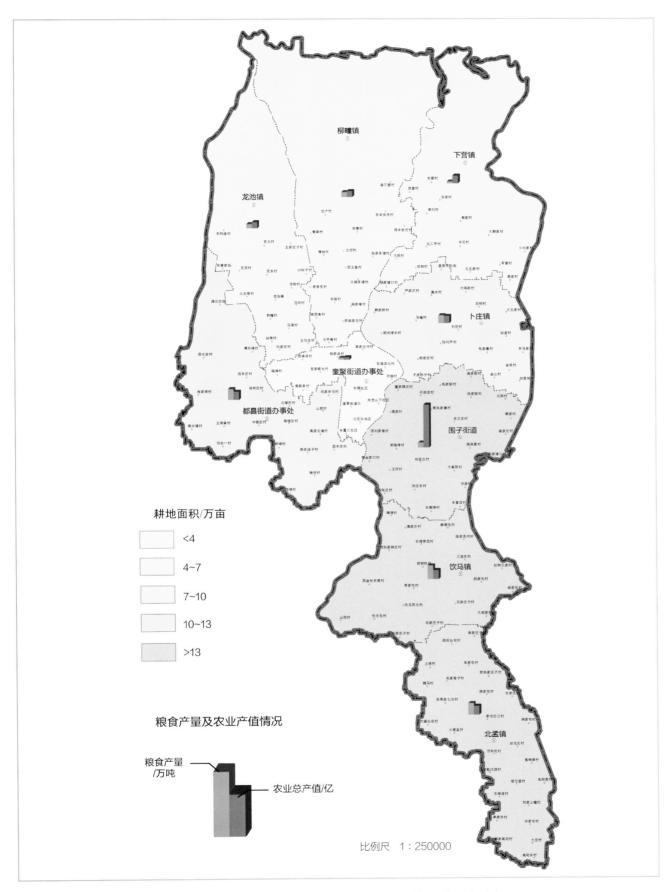

图 3-11　昌邑市农业情况（资料来源：山东省地质矿产勘查开发局第四地质大队）

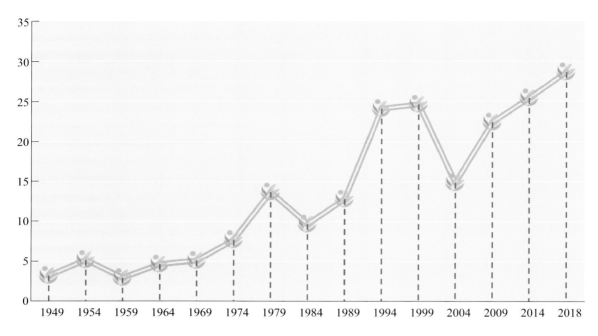

图 3-12　夏粮产量（万吨）

　　近几年，随着国家粮食产业工程项目的实施、惠农政策的落实及耕地基础地力的提高，小麦、玉米等粮食作物播种面积稳中有升。

2.油料作物播种面积及产量

　　油料产量指全部油料作物的生产量，包括花生（花生以带壳干花生计算）、油菜籽、芝麻、向日葵籽、胡麻籽（亚麻籽）和其他油料，不包括大豆、木本油料和野生油料。2018年油料作物播种面积2.69万亩，产量0.84万吨，其中，花生播种面积2.68万亩，产量0.8万吨（图3-13）。

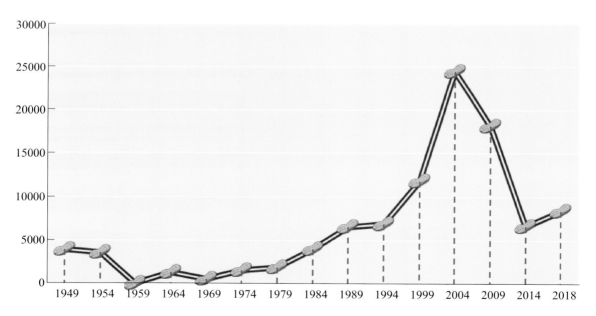

图 3-13　花生产量（吨）

3. 蔬菜播种面积及产量

2018 年，蔬菜播种面积 14.1 万亩，产量 58.13 万吨（图 3-14）。

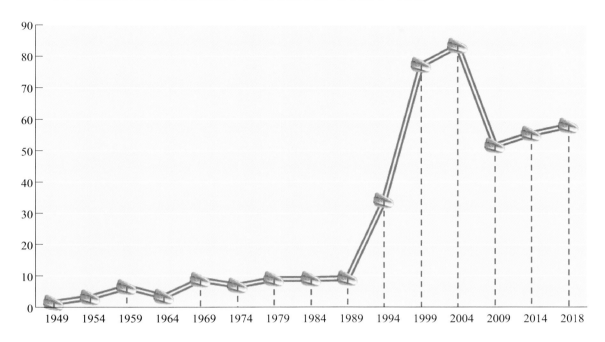

图 3-14　蔬菜产量（万吨）

4. 棉花播种面积及产量

棉花包括春播棉和夏播棉，产量按皮棉计算，不包括木棉。2018 年，棉花播种面积 3.34 万亩，棉花的总产量达 2816 吨（图 3-15）。

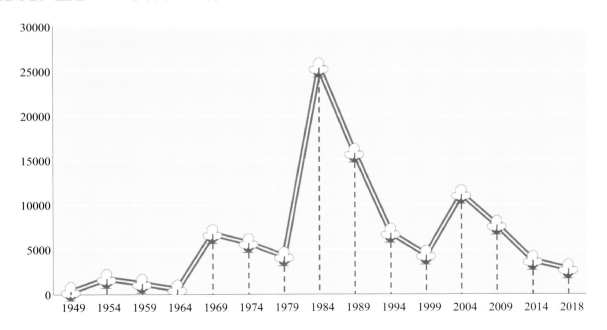

图 3-15　棉花产量（吨）

5. 瓜果播种面积及产量

2018年，水果产量达8.2744万吨（图3-16）。

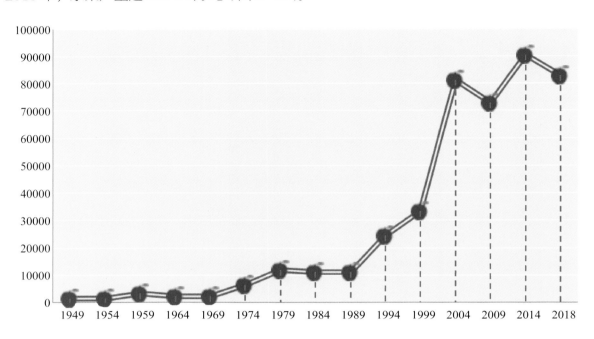

图3-16　水果产量（吨）

目前，主要栽植果树品种为苹果、桃、梨、山楂、葡萄、杏、柿子、梨枣、冬枣、核桃等。昌邑市已认证无公害、绿色、有机蔬菜及果品20个，其中无公害产品6个、绿色产品9个、有机产品5个，涵盖花生、辣椒、梨、大蒜、枣、生菜、西红柿、生姜、土豆、金针菇、黑木耳、鸡腿菇、葡萄、大葱、核桃等品种，认证基地总面积16847公顷，注册商标10个，其中昌邑金昌大姜、山阳大梨为国家地理标志产品。

昌邑市重视特色农业市场的培植，大姜、土豆、大蒜、梨枣、中草药等新型农业产业园纷纷兴起，各种特色农产品批发市场也随之建成开张，大姜等部分品种已成为全国价格形成中心。昌邑市被列入首批全国特色农产品优势区，全国农村一二三产业融合发展项目试点。

6. 粮食生产功能区和重要农产品生产保护区

粮食生产功能区：为确保"谷物基本自给、口粮绝对安全"，按照山东省划定技术细则划定，能够稳定种植小麦、玉米和水稻的优势生产区域。

重要农产品生产保护区：为保障棉花有效供给，按照规程划定，能够稳定种植棉花的优势生产区域。选择农田基础设施较好，相对集中连片的地块作为划定目标。

根据潍政办字[2018]6号文件要求，昌邑市共承担粮食生产功能区54万亩[包括小麦54万亩，玉米51万亩（玉米面积为与小麦复种面积）]、重要农产品生产保护区3.2万亩，合计57.2万亩的划定任务。核心区内实现了"田成方、林成网、路相通、渠相连、旱能浇、涝能排、地力足、灾能减"高标准粮田的建设功能。

昌邑市现已完成粮食生产功能区和重要农产品生产保护区划分工作（图1-8），各乡镇"两区"面积统计如表3-1所示。

表3-1 昌邑市各乡镇"两区"面积统计　　　　　　　　　　　　　　　　　　单位：万亩

行政区代码	行政区名称	功能区			保护区	总计
		小麦功能区	小麦玉米复种区	合计	棉花	
370786001	奎聚街道	0	1.5807	1.5807	0	1.5807
370786002	都昌街道	0.2498	5.8302	6.0800	0.8187	6.8987
370786101	柳疃镇	0.3252	2.4990	2.8242	0.7824	3.6066
370786102	龙池镇	0.1680	4.0904	4.2584	0.7531	5.0115
370786104	卜庄镇	0.7422	8.2745	9.0167	0	9.0167
370786105	围子街道	0.3821	6.7899	7.1721	0	7.1721
370786108	饮马镇	0.3903	7.8559	8.2463	0	8.2463
370786109	北孟镇	0.5192	11.7528	12.2720	0	12.2720
370786112	下营镇	0.2232	2.3265	2.5498	0.8458	3.3955
总计		3.0000	51.0000	54.0000	3.2000	57.2000

从表 3-1 可以看出，北孟镇"两区"划定的面积最大，为 12.2720 万亩，占"两区"总面积的 21%，其次为卜庄 9.0167 万亩，占 16%，饮马镇 8.2463 万亩，占 14%，围子街道 7.1721 万亩，占 13%，都昌街道 6.8987 万亩，占 12%，龙池镇 5.0115 万亩，占 9%，柳疃镇 3.6066 万亩，占 6%，下营镇 3.3955 万亩，占 6%，奎聚街道 1.5807 万亩，占 3%。其中粮食生产功能区和重要农产品生产保护区都存在的有 4 个镇，分别为都昌街道、柳疃镇、龙池镇和下营镇（图 3-17、图 3-18）。

由图 3-18 可以看出，北孟镇中的"两区"地块面积占北孟镇总面积的 46.69%，基本上覆盖全地域，其次为卜庄镇 41.28%，饮马镇 33.10%，围子街道 30.03%，都昌街道 24.03%，龙池镇 18.31%，奎聚街道 15.55%，下营镇 10.53%，柳疃镇 7.40%。除个别情况以外，整体从南到北呈现出递减趋势。

昌邑市"两区"划定中，依据片块和地块的划分原则，划出"两区"共计 269 个，"两区"片块共计 269 个，"两区"地块共计 21922 个，总共涉及 537 个行政村，各个乡镇数据如表 3-2 所示。

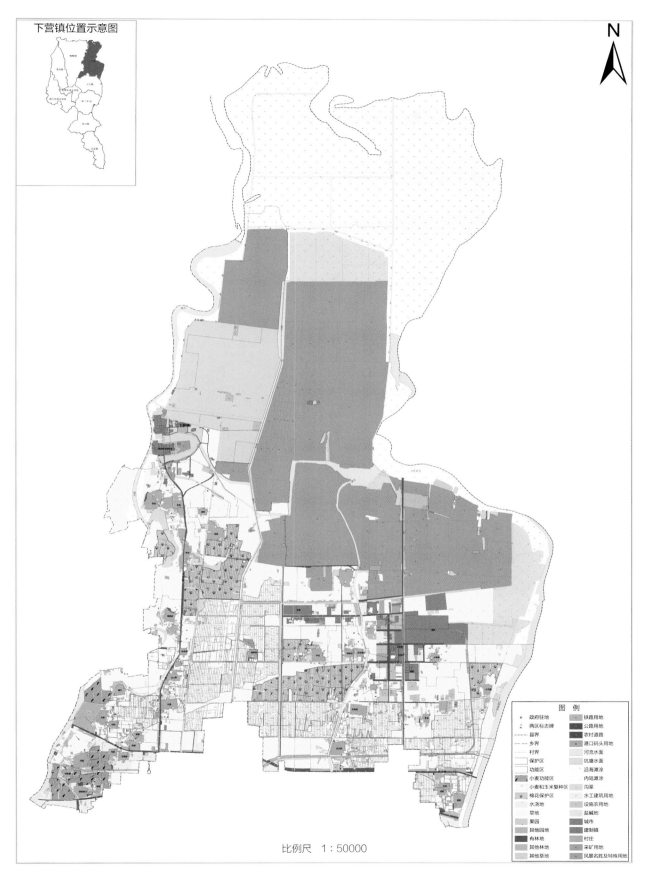

比例尺　1：50000

图 3-17　昌邑市下营镇粮食生产功能区和重要农产品生产保护区地块分布图（资料来源：山东省地质矿产勘查开发局第四地质大队）

昌邑市

农业农村图集

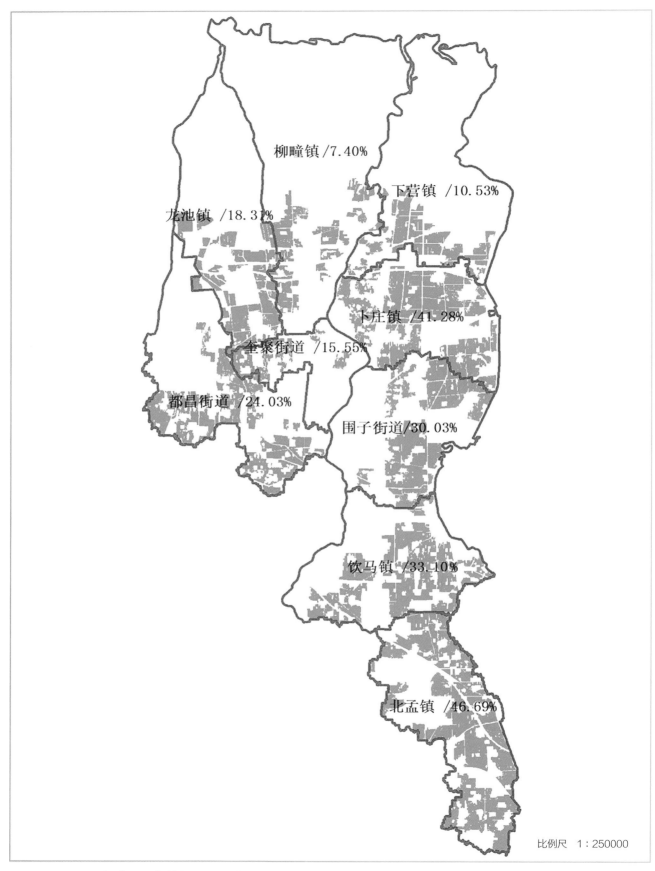

柳疃镇 /7.40%

下营镇 /10.53%

龙池镇 /18.37%

卜庄镇 /41.28%

奎聚街道 /15.55%

都昌街道 /24.03%

围子街道 /30.03%

饮马镇 /33.10%

北孟镇 /46.69%

比例尺 1 : 250000

图 3-18 昌邑市"两区"地块面积占各乡镇总面积示意图（资料来源：山东省地质矿产勘查开发局第四地质大队）

表 3-2 昌邑市各乡镇"两区"数量统计 单位：个

行政区代码	行政区名称	"两区"数量	"两区"片块数量	"两区"地块数量	涉及的行政村数量
370786001	奎聚街道	4	4	830	21
370786002	都昌街道	27	27	4253	61
370786101	柳疃镇	28	28	1339	56
370786102	龙池镇	39	39	2686	27
370786104	卜庄镇	43	43	3929	88
370786105	围子街道	24	24	2032	80
370786108	饮马镇	35	35	2050	84
370786109	北孟镇	32	32	2932	87
370786112	下营镇	37	37	1871	33
总计		269	269	21922	537

二、林业

昌邑市林木主要有用材林、防护林、经济林和特种用途林四大类。昌邑市林木覆盖率达 26.84%，农田林网化面积 100 万亩，拥有潍水沿河林场和北部沿海柽柳林场等多处生态林场，是著名的"江北绿都"。每年 9 月，都在昌邑市绿博园举行全国苗木交易盛会。

1949 年，昌邑市林业总产值仅为 3 万元。改革开放 20 年后，达 2302 万元。到 2010 年，林业总产值为 8172 万元，全市完成成片造林 22240 亩，占计划的 104%；完善农田林网 7.2 万亩，占计划的 100%；新建农田林网 7.7 万亩，占计划的 100%；新建出村连村路林带 5.6 万米；新增育苗面积 2600 亩；共计植树 350 万株。实有苗木面积 3.5 万亩，品种 400 多个，各类苗木存量近 2 亿株，年销售收入 5 亿元以上。全市配备车载喷雾器 21 部，机动喷雾器 684 部，烟雾机 337 部，高枝剪 1365 把，灭虫灯 1459 盏，打孔注射机 10 台，防治美国白蛾 106.56 万亩次，第三代美国白蛾虫株率控制在 0.5% 以下。成功举办了"第十五届中国园林花木信息交流会暨 2010 中国（昌邑）北方绿化苗木博览会"，会议共吸引参展客商单位 700 多家，浙江、江苏、安徽、黑龙江、大连、内蒙古等 20 个省（市、自治区）的苗木企业参展，参会参展客商 5000 余人，观众超过 10 万人次，会议期间签订苗木购销合同 1500 多笔，交易额 3 亿多元。到 2017 年，昌邑市林业总产值达到 6506 万元，同时全市完成成片造林 1.2 万亩，新建林网 1 万亩，完善林网 2 万亩；苗木改造提升 1 万亩；新建绿化示范村 50 个；义务植树 110 万株。新发展苗木基地 3000 亩，新建改造标准化苗木基地 1.3 万亩，新发展核桃、梨枣等特色经济林 5000 多亩。新增拥有自主知识产权国家级苗木新品种 8 个，全市拥有自主知识产权的苗木新品种达到 14 个。建成绿博园林场、潍河林场等五大生态林场和"八纵十二横"骨干林带，全市林木覆盖率达到 25.6%。被评为"全国林木种苗工作先进单位""全国绿化先进集体"（图 3-19）。

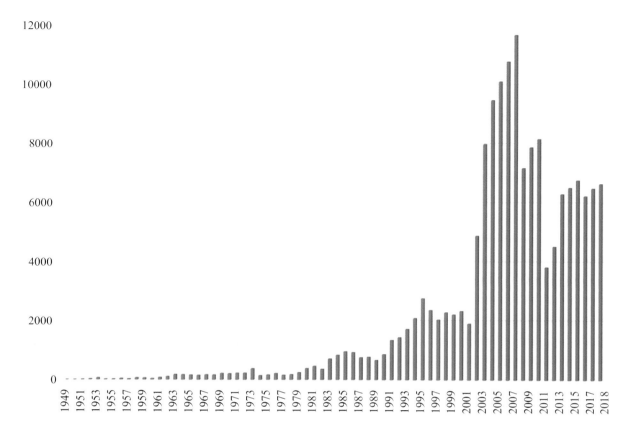

图 3-19　昌邑市历年林业总产值（万元）

2018 年，全市人工造林合格面积 2.08 万亩，其中新增人工造林 1.11 万亩，人工更新造林 0.97 万亩；新增育苗面积 5000 亩，"全民义务植树"参加人员 38 万人，义务植树 110 万株，提升重点村庄绿化 140 个；提升改造标准化苗木基地 1.5 万亩，新发展核桃、梨枣等特色经济林 5000 多亩；申报林木新品种 3 个，申报市级龙头企业 2 个，市级林业专业合作社 1 个；成功举办 2018 北方（昌邑）绿化苗木博览会、第二十三届中国园林花木信息交流会。

目前，昌邑市各类园林绿化苗木存圃量达到了1.7亿株，面积达到12万亩，年产值达16亿元，拥有自主知识产权苗木新品种14个，已成为江北最大的苗木集散中心、信息交流中心、价格形成中心、技术推广中心，被评为"中国北方绿化苗木基地""国家级苗木交易市场""全国绿化先进集体"。已连续成功举办了9届中国（昌邑市）北方绿化苗木博览会和6届中国园林花木信息交流会。

石埠：标准化苗木产业园

三、畜牧业

1949 年，昌邑市牧业总产值为 364 万元。随后在改革开放时期得到了较大的发展。随着养殖技术的改进，到改革开放 20 周年，昌邑市牧业总产值到达 109906 万元。到 2010 年，牧业总产值达 155438 万元，全市肉类总产量达 10.23 万吨；奶类总产量达 3841.9 吨；禽蛋总产量达 0.72 万吨；猪存栏数为 21.26 万头，增长 9.6%，生猪出栏数 30.50 万头；羊存栏数 2.0 万只；家禽存栏数 741.2 万只，家禽出栏数 4685.6 万只。新建、改建、扩建标准化饲养场 60 个，新建饲养场全部实现标准化。各种养殖合作社达到 120 个，畜牧业配套物流、零售、医疗服务从业人数达到 0.8 万人。全力加快"蒙牛万头奶牛优质奶基地"项目，建设奶牛产业链。畜牧科技到农户，参加培训的达到 2000 多人，发放"明白纸"5000 多份。2017 年，牧业总产值突破 23 亿元，达 23.9652 亿元，其中全市肉类总产量 10.83 万吨，同比增长 31%；禽蛋产量 0.83 万吨，同比下降 36.3%；奶类产量 0.68 万吨，同比增长 37.4%。猪年末存栏 27.2 万头，同比下降 0.3%；牛年末存栏 0.59 万头，同比下降 27.5%；羊年末存栏 2.32 万头，同比下降 16.5%；家禽年末存栏 893.6 万只，同比下降 14.2%。猪年末出栏 56.1 万头，同比增长 38.6%；牛年末出栏 0.66 万头，同比下降 4.6%；羊年末出栏 2.67 万头，同比增长 2.8%；家禽年末出栏 4878.78 万只，同比增长 42.3%。另外全市共有 10 家养殖企业通过无公害产品及产地认证。畜产品检疫合格率 100%，病害动物及其产品无害化处理率 100%。畜禽养殖场区粪污处理配套设施配建率达 81%。

至 2018 年底，全市肉类总产量 10.56 万吨；禽蛋产量 1.25 万吨，同比增长 50.6%；奶类产量 0.52 万吨，同比下降 23.5%（图 3-20、图 3-21）。猪年末存栏 31.49 万头，同比增长 15.8%；牛年末存栏 0.61 万头，同比增长 3.4%；羊年末存栏 2.5 万只，同比增长 7.8%；家禽年末存栏 958 万只，同比增长 7.2%。猪年末出栏 59.7 万头，同比增长 6.4%；牛年末出栏 0.77 万头，同比增长 16.7%；羊年末出栏 3.44 万只，同比增长 28.8%；家禽年末出栏 4541 万只，同比下降 6.9%。[特别说明：猪、牛、羊肉产量指当年出栏并已屠宰、除去头蹄下水后带骨肉（即胴体）的重量，包括全社会范围内的产量。] 昌邑市畜禽养殖场分布如图 3-22 所示。

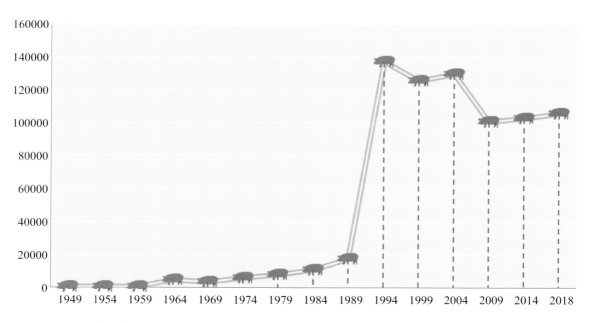

图 3-20　肉类产量（吨）

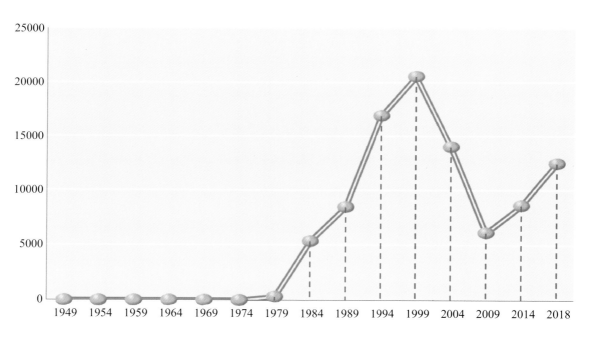

图 3-21　禽蛋产量（吨）

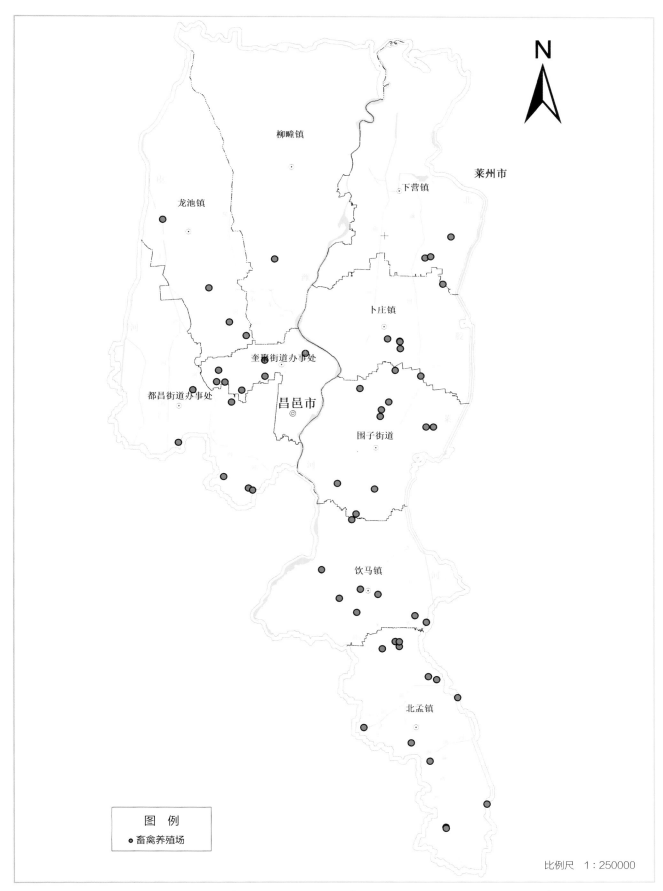

图 3-22　昌邑市畜禽养殖场分布图（资料来源：山东省地质矿产勘查开发局第四地质大队）

四、渔业

　　1949 年，昌邑市渔业总产值为 44 万元。改革开放 20 年，达 29402 万元。2010 年，水产品产量达 136018 吨，同比增长 17.7%。其中，淡水产品产量 884 吨，海水产品产量 135134 吨。建立微孔增氧养殖技术示范基地 1 个，推广淡水微孔增氧养殖面积 1000 亩。顺利完成了中央扶持资金 540 万元的现代渔业产业项目，标准化生态鱼塘改造 3500 亩，新建 2500 亩。已发展海参池塘养殖 7000 亩，新增扇贝养殖面积 6 万亩，浅海扇贝养殖总面积达 30 万亩。扇贝养殖产量 6 万吨，实现产值 3 亿元。新认定无公害水产品产地 1 个，认证无公害水产品 9 个，无公害水产品产地认定的渔业生产基地 15 个，获无公害水产品称号的 34 个。投入海洋渔业资源增殖资金 501.8 万元，包括中国对虾、梭子蟹、半滑舌鳎、牙鲆、青蛤 5 个品种，总数量达 22840 万尾（粒），同比增加 83.2%。

河西养虾场养殖的对虾

2018年，全市水产品总产量达20.07万吨；其中，海水产品总产量19.9万吨。2家增殖站被评为省级渔业增殖示范站；争取增殖放流资金1468万元，放流品种包括中国对虾、海蜇、三疣梭子蟹、半滑舌鳎、黑雕、褐牙鲆6个品种，放流数量4.2亿单位（图3-23）。

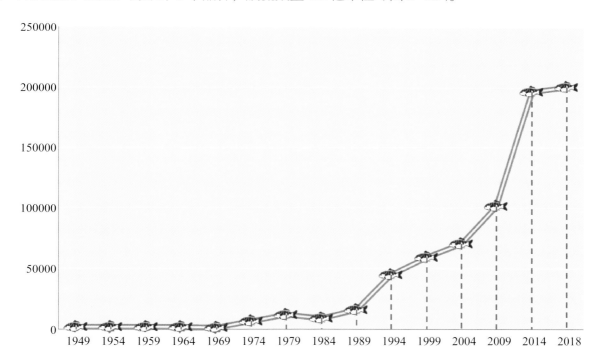

图 3-23 水产品产量（吨）

昌邑市渔业产值逐年呈现出上升的趋势，这与养殖技术的改进以及海外捕鱼新技术新设备是密不可分的。

第三节 | 工业和建筑业

一、工业

昌邑是国内重要的纺纱织造、机械制造业生产基地，形成了以新产品、新技术、新项目为支撑的石油化工、盐及盐化工、机械制造、纺纱织造、食品加工、水产养殖、绿化苗木等优势产业。纺纱织造业，现有纺织企业 2500 多家，年纺纱能力 180 万锭，织造能力 35 亿米，染色、印花能力 21 亿米，跻身"中国纺织产业集群品牌 50 强"。

2018 年，全市全部工业增加值实现 212.49 亿元，按可比价计算，同比增长 6.1%。规模以上工业企业主营业务收入、利税、利润分别同比增长 6.3%、74.2% 和 9.9%。全市工业用电量达 38.34 亿千瓦·时，同比下降 0.5%，占全社会用电量的 80.2%。全市统计的 23 种主要产品中，有 13 种主要产品生产量同比增加。

2018 年，全市规模以上工业中，以石油化工、盐及盐化工、纺织印染、机械制造、食品加工为主的五大传统优势产业主营业务收入同比增长 6.9%，总量占全部规模以上工业主营业务收入的 95.7%，主导产业优势明显（表 3-3）。

表 3-3 2018 年五大主导产业主要经济指标完成情况

指标名称	企业个数 / 个	主营业务收入增幅 /%	利润总额增幅 /%	利税总额增幅 /%
食品加工业	23	6.8	717.6	397.7
纺织印染业	111	1.4	0.5	1.3
机械制造业	41	10.9	6.6	-1.2
石油化工业	2	13.0	12.0	124.6
盐及盐化工业	88	-6.2	-0.9	4.9
合　计	265	6.9	10.4	76.3

2018 年，全市规模以上高新技术产业产值占规模以上工业总产值的比重达 22.73%，（同口径）提高 1.4 个百分点。

二、农业机械总动力

　　农业机械总动力指主要用于农林牧渔业的各种动力机械的动力总和，包括耕作机械、排灌机械、收获机械、农用运输机械、植物保护机械、牧业机械、林业机械、渔业机械和其他农业机械。内燃机按引擎马力折成瓦（特）计算，电动机按功率折成瓦（特）计算。不包括专门用于乡、镇、村、组办工业，基本建设、非农业运输、科学试验和教学等非农业生产方面用的动力机械与作业机械。这个指标的统计数据主要来源于农机部门。2018 年，全市农机总动力达 98.82 万千瓦（图 3-24）。农用拖拉机 2.37 万台，其中，大中型拖拉机 5701 台。联合收割机械 2217 台，其中，稻麦联合收割机 1086 台，玉米联合收获机 1131 台。播种机 4516 台，其中，免耕播种机 2466 台。秸秆粉碎还田机 1001 台。小麦、玉米生产实现全程机械化。农林牧渔业用电量达 3.12 亿千瓦·时。

三、建筑业

　　2018 年，全市 30 家资质以上建筑企业实现总产值 22.27 亿元，同比增长 38%。其中，实现建筑工程产值 18.8 亿元；实现安装工程产值 2.72 亿元；实现其他建筑业产值 0.74 亿元。

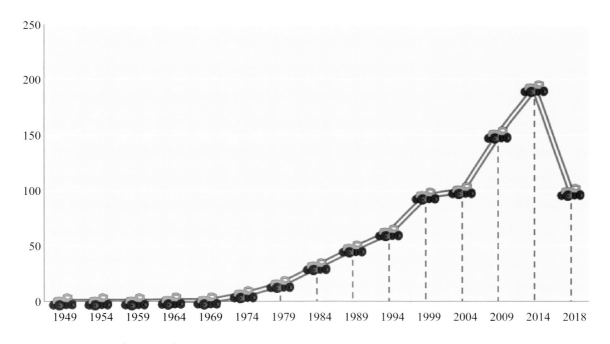

图 3-24　农机总动力（万千瓦）

第四节 | 国内外贸易

一、国内贸易

2018 年，全市实现社会消费品零售总额 202.1 亿元（图 3-25）。实现限额以上社会消费品零售额 22.66 亿元，同比增长 17.2%。其中实现住宿和餐饮业零售额 1.48 亿元，同比增长 5.7%；实现批发和零售业零售额 21.18 亿元，同比增长 15.6%。实现限额以上社会消费品销售额 50.7 亿元，同比增长 14%。

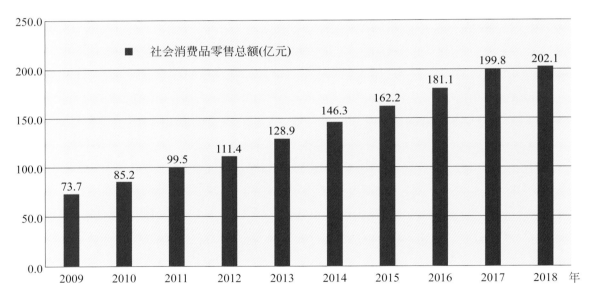

图 3-25　社会消费品零售总额（亿元）

二、对外贸易

2018 年，全市实现进出口总额 67.58 亿元，同比增长 1.2%。其中，实现进口 14.76 亿元，同比下降 27.6%；实现出口 52.82 亿元，同比增长 13.8%（分产品出口情况见表 3-4）。

表 3-4　2018 年分产品出口情况

指标名称	出口额/亿元	占总额比重/%	同比增长/%
纺织印染	26.16	49.5	14.7
机电产品	13.36	25.3	24.5
化工产品	9.44	17.9	22.1
农副产品	1.68	3.2	-15.3
其他产品	1.71	3.2	—

2018 年，全市实际到账外资 1158 万元，同比下降 95.5%。境外实际投资额 128 万美元，同比下降 91.9%。

第五节 ｜ 交通、邮电、旅游

一、公路交通

昌邑市交通便捷顺畅。胶济铁路、大莱龙铁路、青银高速、荣潍高速、荣乌高速以及 206 国道、309 国道等交通干线横贯东西，省道下小路纵穿南北。距离青岛机场 150 千米，潍坊机场 30 千米，济南机场 200 千米。

2018 年，全市公路通车里程达 2170 千米。全市营业性机动车辆 6661 辆。其中，营业性货运车辆 5444 辆；营运性客运车辆 583 辆（其中出租车 211 辆）；教练车 634 辆。当年新增营业性货运汽车 442 辆，新增动力 8621 吨。完成客运量 1490 万人次，同比下降 0.5%；完成货运量 1640 万吨，同比增长 6.7%。货运周转量 50.9 亿吨·千米，旅客周转量 1.34 亿人·千米。全市公交车新能源（纯电动）车辆达 267 辆，清洁能源（CNG）车辆达 66 辆。改造城乡公交线路 1 条，总里程 25 千米。

二、电信业

2018 年，全市全部电信企业实现电信业务总量 34619 万元。本地电话用户达 67.93 万户。其中，移动电话用户 62.58 万户；固定电话用户 5.35 万户，其中住宅电话用户 5.18 万户。互联网用户达 63.01 万户。其中，固定宽带用户 17.51 万户，手机上网用户 45.51 万户。年末数字电视用户达 17.51 万户。

三、邮政事业

2018年，全市邮政业务收入实现9027万元，同比增长2.9%。其中，函件业务收入实现362万元；集邮业务收入实现343万元；报刊收入实现367万元，其中，报刊零售收入实现55万元；电子商务收入实现200万元；包裹快递业务收入实现514万元。邮政储蓄余额规模达34.64亿元。全市累计建成邮政便民服务站700个，其中城市站点80处，农村站点620处（图3-26）。

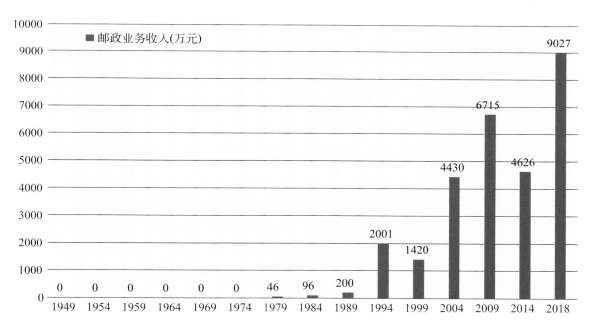

图3-26　历年邮政事业情况

四、旅游业

截至2018年底，全市A级旅游景区6家，其中4A级景区1家，3A级景区3家；星级饭店3家，其中三星级饭店2家，二星级饭店1家；旅行社26家。2016年，共接待游客331.59万人次，实现旅游消费总额36.05亿元，同比分别增长8.8%和13.63%。2018年，全市共接待境内外游客386.77万人次，同比增长5.4%；旅游消费46.03亿元，同比增长10.2%。

1. 主要风景区

绿博园：国家4A级景区、全国农业旅游示范点，位于围子街道南部。占地面积2000余亩，建有苗木交易大厅、品种展示园、桩景园、国际展馆、热带植物馆、动物园、游乐园、民俗园等景点，植有世界各地绿化苗木1000多种。

潍水风情湿地公园：位于市区东部，于2010年12月20日被国家住房和城乡建设部批准为国家城市湿地公园，是国家3A级旅游景区、国家水利风景区。南起金口拦河闸，北至城东橡胶坝，南北长5.5千米，东与绿博园相连，西与文山风景区相接，水域面积2.4平方千米，总面积5.46平方千米。景区包括苗木业观光区、湿地保护区、中心活动区、水上活动区、野营烧烤区等。

博陆山风景区：国家3A级景区，位于饮马镇山阳村北、雄河东岸。博陆山海拔88.05米，景区东西长2000米，南北宽400米，面积0.8平方千米。景区内的千年梨园有2000多亩、3万多株梨树，树龄大都在百年以上，其中树龄超过300年的达5000余株。现已建成红峡湖、红石峡瀑布、颉英池、梨花仙子、农业休闲观光园、生态乐园、八卦坛、环山漂流等景点和旅游项目。

青山秀水旅游度假区：国家3A级景区，位于石埠经济发展区，西傍雌河、东邻221省道、南临潍莱高速公路和309国道。景区总面积2000多亩，拥有竹海、百鸟园、非洲动物园、天鹅湖、秀水河、太阳岛、房车营地、梦幻之星营地等景点和设施，是集生态观光、休闲度假、保健养生、文化体验为一体的旅游度假区。

2. 名胜古迹

姜氏祠堂：省级文物保护单位。占地面积约 900 平方米，有正厅五间，东西厢房各三间，南大门一间及东西耳房各两间。西院北屋五间，南屋五间连大门一间。祠堂建筑全部为砖木结构，青瓦覆顶，脊饰吻兽。正厅前出廊檐，明柱六支，每柱头梁端自东向西篆刻有"福、营、邱、分、派、寿"六字。大门十柱落地，门枕为精雕石鼓。

石埠西村商周遗址：潍坊市市级文物保护单位，位于石埠西村西 50 米牛头埠南坡，东西长 200 米，南北宽 100 米，北宽南窄呈梯形。文化层深 1.5 米，暴露有灰坑和陶片。遗址保存完好，商周时代的绳纹器物残片多有出土。1981 年经鉴定为商周遗址。

晋邑故城遗址：省级文物保护单位，位于龙池镇利渔村东南，南北 200 余米，东西 300 余米。近几年出土大量陶片、瓦当、铜剑、刀币等，较完整的有周代树木卷云纹瓦当，汉代"千万"（残）瓦当、陶罐等，还发现了古井、古墓、房基、冶铁等遗迹。

兴福墓群：省级文物保护单位，位于都昌街道幸福村西。原有墓葬九座，村民称为"九顶莲心冢"，其中有 4 座被盗挖。出土的陶器有耳环、鸡形器、鸟形器等，为泥制灰陶，铜器有印章、洗、带勾、勺、弩机等。经鉴定为东汉墓葬。

姜泊民居群：省级文物保护单位，位于卜庄镇姜泊村，是 20 世纪初著名的民族资本集团姜泊"五大功"为代表的姜氏工商业老字号故宅，共 49 处，砖木结构。

3. 土特产品

昌邑丝绸：又称柳绸。昌邑是著名的丝绸之乡，传统丝绸产品花色品种多，品质优良，有良好的悬垂性、飘逸性、观赏性，大量出口欧美和东南亚国家，多次被作为礼品馈赠外国贵宾。

"九龙屯"牌大蒜：产于山东省标准化农产品生产基地北孟镇，因该镇九龙屯村所产质量最优而得名。种植历史悠久，蒜头大、黏度高、色泽正、口感好、耐贮藏，含有人体必需的多种维生素，被认证为"无公害农产品"。产品销往全国各地，经加工出口韩国、日本、朝鲜以及东南亚等国家和地区。

"乐春"牌老面大馍馍：使用石磨加工面粉，老面引子发酵，手工制作。其特点是口感筋道、麦味香浓，地道家乡传统口味。产品销往全国各地，享誉海内外，成为春节馈赠、访友的首选礼品。"乐春"被评为"山东省著名商标"。

第六节 | 科技创新、质量监督及人才工作

一、科技创新

2018年，全市共有国家火炬计划重点高新技术企业1家，国家备案高新技术企业19家；建成企业院士工作站6处；产业技术创新战略联盟10处；潍坊市级以上工程技术研究中心57处（其中省级5处）；潍坊市级企业重点实验室15处；引进联合建立科研院所24处；获批山东省级科技企业孵化器3处，潍坊市级科技企业孵化器3处。当年成功申报潍坊市级以上科技计划项目19项，完成到期项目验收10项；获潍坊市科技进步奖9项；认定高新技术企业7家；新建院士工作站2处，潍坊市级产业技术创新战略联盟1处；获批山东省级工程技术研究中心1家，潍坊市级工程技术研究中心3家、潍坊市级企业重点实验室2处；完成招院引所3处；获批山东省级科技企业孵化器2处；获批省级众创空间1处，潍坊市级众创空间3处；获批省级农科驿站6处。

2018年，全市完成专利申请1142项，其中，发明专利申请361项，同比增长28%；获专利授权547项，其中，发明专利授权36项。

苗木培育基地　　科技大棚　　果蔬基地

二、质量监督

2018 年，全市拥有中国驰名商标 9 件；山东省著名商标 27 件；山东名牌 4 个；地理标志保护产品 3 个；地理标志证明商标总量达到 16 件。省级"守合同重信用"企业总量达到 41 家，市级 13 家。

三、人才工作

2018 年，全市共有 2389 人参加职业技能鉴定，2277 人取得职业资格证书，通过"金蓝领"鉴定考试 42 人。管理期内"山东省首席技师" 2 名，"潍坊市首席技师" 10 名，"昌邑市首席技师" 15 名，"潍坊市技术能手" 2 名；全市有专业技术人员 35248 人，万人拥有专业技术人员数 608 人，全市拥有正高级职称 37 人、副高级职称 1356 人、中级职称 5536 人，享受国务院政府津贴 8 人，管理期内潍坊市级专业技术拔尖人才 8 人、昌邑市级专业技术拔尖人才 24 人。获批泰山产业领军人才 1 人，鸢都产业领军人才 2 人。

第七节 | 水利建设与灌溉

2018 年，安全平稳度过 1974 年以来最大洪涝灾害，利用潍河"一闸四坝"拦蓄水 5500 万立方，利用灌溉系统、湾塘蓄水 6100 多万立方米，涵养地下水 9300 多万立方米；封闭自备井 122 眼，综合施治减少地下水开采量 1545 万立方米，地下水位比年初回升 1.51 米；建成潍坊市首个"智慧河湖"调度指挥中心，形成较为完善的基层防汛预报预警体系，实现用水企业远程抄表的全覆盖；全市各级河长累计巡河 1.4 万余次，整治河流"八乱"问题 350 处；完成总投资 4600 万元的水利工程建设；发展节水灌溉面积 2.45 万亩，完成农业水价改革面积 19.04 万亩，全市农田灌溉水有效利用系数调高到 0.6673。

一、小型农田水利建设

昌邑市小型水利工程主要包括：峡山水库灌区昌邑灌区、井灌区、田间工程。

峡山水库灌区昌邑灌区：目前有效灌溉面积 19333.3 公顷，现有小型灌溉扬水站 9 处，节制闸 2000 座。末级配套渠系 2959.22km。

井灌区：现有灌溉用机井 14410 眼，配套功率 9.2 万千瓦，工程完好率 85%，年提水能力 1.75 亿立方米，控制灌溉面积 31600 公顷。以低压管道灌溉为主的高效节水灌溉面积 7140 公顷，安装铺设输水管道 653.4 千米，灌溉水利用系数 0.80。

田间工程：现建有斗、农沟渠 6779 条，总长 3320.5 千米，大部分为土渠，部分渠系为灌排一体。另外建有各类桥涵闸 3500 余座，排涝泵站 3 座。

二、水资源情况

据水利部门测算，目前全市每年国民经济总需水量达 3.3 亿立方米，其中农业用水 2.6 亿立方米，工业用水 0.6 亿立方米，居民生活用水 0.1 亿立方米。据统计，昌邑市近几年每年水资源总量 2.6 亿立方米，与需水量相比还差 0.7 亿立方米。如果考虑环境用水，差距更大。

地表水资源：大气降水是昌邑市地表水的主要来源，其次是河流。昌邑市多年平均地表水资源总量为 15543 万立方米。

地下水资源：以地下水天然补给量为地下水资源量，包括降水入渗补给量、地表水体补给量等。昌邑市境内多年平均地下水资源不重复计算量约为 82976 万立方米，地下水资源可利用量为 12176 万立方米，对昌邑市的农业发展也起着举足轻重的作用。

全市水资源总量：昌邑市水资源总量由地表径流量、外部流入量、地下水资源不重复计算量组成。昌邑市多年平均水资源总量 111519 万立方米，水资源可利用量 34612 万立方米。

三、灌溉情况

昌邑市北部滨海区，包括龙池镇、柳疃镇和卜庄镇的北部，由于濒临渤海，地下水卤度和矿化度都很高，不适宜作为人畜饮水和农作物灌溉用水，地表水资源可利用率受降水量等因素制约的局限性大，因此灌溉用水保证率不高。

北部地区以峡山水库灌区灌溉为主，灌溉形式为引水补源、提水灌溉，该区域面积约占全市总土地面积的 20%，有效灌溉面积 19321 公顷，占全市有效灌溉面积的 39.7%。

中部平原区包括奎聚街道、都昌街道、围子街道、饮马镇等区域，土地肥沃，地下水资源丰富，为井灌区，有效灌溉面积 26572 公顷，占全市有效灌溉面积的 54.6%。南部低山丘陵区，为引库和井灌相结合区域，有效灌溉面积 2774 公顷，占全市有效灌溉面积的 5.7%。

昌邑市

农业农村图集

第四章

农村生活概况

第一节 | 教育、文化、体育、卫生

一、教育

2018年，全市共有中等职业学校2所，在校生2746人；高中3所，在校生9338人；初中17所，小学48所，九年一贯制学校5所（外国语学校、潍水学校、育秀学校、下营学校、凤鸣学校），初中在校生17573人，小学在校生30268人；特殊教育学校1所，在校生77人。

完成教育投入12.5亿元，新改扩建中小学校、幼儿园14处，在潍坊市首批启动"全国义务教育优质均衡发展县创建"，被评为"全国中小学校责任督学挂牌督导创新县"；教改教研成效显著，1项成果在山东省教学成果评选中获奖，26项成果荣获第十六届潍坊市政府教学成果奖；高考创历史最好成绩，13人达北大、清华预录取线，2人被世界知名高校录取；首夺全国职业院校技能大赛金牌，2人荣获山东省职业院校技能大赛一等奖。

二、文化

2018年，全市通过"公益电影放映＋流动书屋"模式为群众提供数字化电影放映6540场；组织开展100余场大型文化活动，参与演员5000余人，观众达8万余人；引进并演出国内外优秀剧目70多场次；成立潍坊市首家非物质文化遗产保护协会；开展"走昌邑·访非遗"摄影大赛，共征集各类昌邑非物质文化遗产项目照片1000余幅；市博物馆新增馆藏三级以上文物938件；文物保护单位达51处，其中，省级重点文物保护单位28处；全市建成村史馆29处，历史文化展示点102处；组织开展昌邑市乡邦文物和地方文献征集工作，征集各类文物100余件，各类老照片300余件；市图书馆成为国家一级馆。

三、体育

　　2018 年，首届国际半程马拉松赛在昌邑市成功举办；11 个国家的 3600 名选手参赛，参与人数 3.8 万人，微信直播观看量达 10 万人；全市组织举办"新春""文山潍水""全民健身月"三大系列活动 16 项；实现"城乡一体化 15 分钟健身圈"，以农村社区为中心，配套健身设施计划 160 套；建设小型健身广场（中心）50 处；在城区公共绿地、景区和居民小区配套健身器材 110 套；再增体育用地 1.5 万平方米；成立民间体育协会、俱乐部 8 个；有 170 余名运动员在潍坊市、山东省和国家比赛中夺得冠亚季军；潍坊市锦标赛 4 个项目夺得团体总分前三名。

四、卫生

　　2018 年，全市医疗卫生体系得到进一步健全，共 563 处卫生机构，其中综合医院 6 处（人民医院、中医院、昌城医院、博爱医院、昌邑厚德英杰医院、昌邑康宁中医医院），专科医院 1 处（昌邑昌大口腔医院），保健院 1 处，皮防站 1 处，乡镇卫生院 8 处，城市社区卫生服务中心 4 处，卫生院所属社区卫生服务中心 7 处，疾控中心 1 处，监督大队 1 处，村卫生室 443 处，诊所及各类门诊部 90 处（图 4-1）。实有开放床位 2098 张，卫生技术人员 2917 人（包括诊所 357 人，村卫生室 236 人），其中执业医师 904 人，执业助理医师 341 人，注册护士 1296 人（图 4-2）。全年诊疗 330.72 万人次，其中村卫生室 159.28 万人次，诊所 18.74 万人次。出院人员 6.83 万人次。全市医疗机构总收入 6.95 亿元，其中业务收入 5.88 亿元，门诊收入 2.29 亿元，门诊收入占总收入的 32.95%。

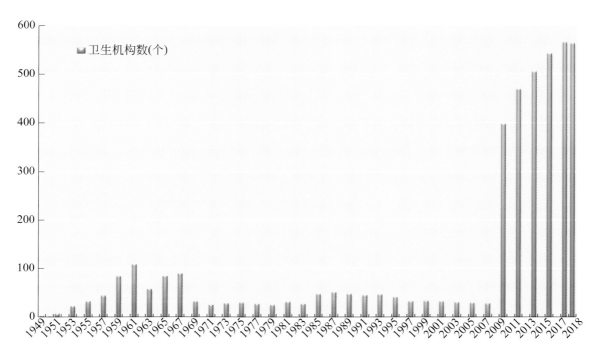

图 4-1　全市卫生机构数量（1949 ～ 2018 年）

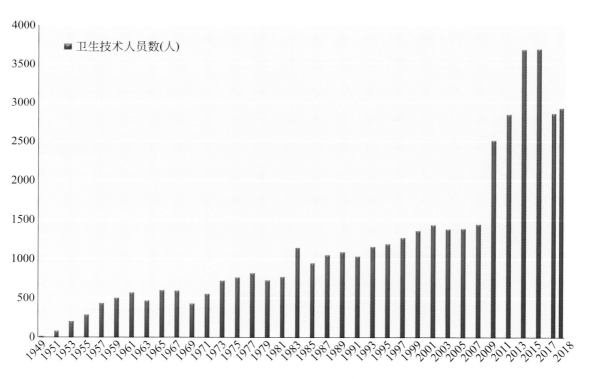

图 4-2　全市卫生技术人员数量（1949 ～ 2018 年）

第二节 | 人民生活、就业和社会保障

一、居民收入

2018 年，全市居民人均可支配收入 27234 元，同比增长 7.9%。其中，城镇居民人均可支配收入 36118 元，同比增长 7.2% ；农村居民人均可支配收入 18934 元，同比增长 7.2%（图 4-3、图 4-4 ）。

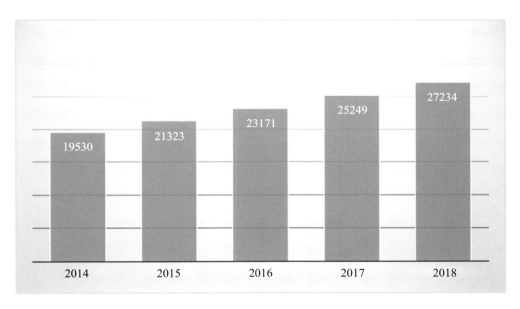

图 4-3 居民人均可支配收入（2014 ~ 2018 年，单位：元）

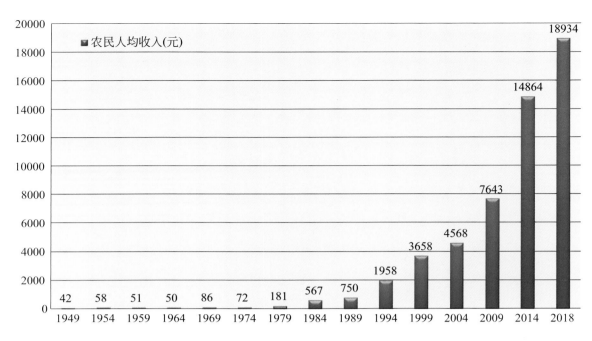

图 4-4　历年居民收入情况（1949～2018 年）

二、就业

2018 年，全市新增城镇就业 6050 人，新增农村劳动力转移就业 7025 人；城镇下岗失业人员再就业 2187 人，其中困难群体再就业 309 人；接收高校毕业生 1620 人；城镇登记失业率控制在 2.25%；组织开展了 99 场招聘洽谈会，吸引 240 家企业进场招聘，7073 人实现成功择业。强化创业平台支撑和政策扶持，新增参与创业活动 4452 人，发放创业担保贷款 5235 万元，带动就业 1285 人；新建 3 个特色创业小镇和 3 处特色创业街区；3 处社区被评为第二批省级"四型就业社区"，3 处社区被评为潍坊市级"四型就业社区"。接收 4 名计划安置的军转干部和 2 名自主择业的军转干部；招考 31 名公务员；组织各类事业单位考试 8 次，考录工作人员 286 名；招录"三支一扶"11 人，安置退役士官 12 人。

三、社会保障体系

2018 年，全市实现各项社会保险基金收入 21.71 亿元，同比增长 19%；各项保险基金支出 21.84 亿元，同比增长 13.2%。其中，城镇职工养老保险参保在职职工 8.19 万人，实现基金收入 1.01 亿元，基金支出 1.29 亿元；城镇职工医疗保险参保职工 9.53 万人，实现基金收入 3.6 亿元，基金支出 2.94 亿元；工伤保险参保职工 8 万人，实现基金收入 0.23 亿元，基金支出 0.2 亿元；生育保险参保职工 4.37 万人，实现基金收入 0.15 亿元，基金支出 0.11 亿元；失业保险参保职工 4.69 万人，实现基金收入 0.61 亿元，基金支出 0.6 亿元。居民医疗保险参保居民 43.57 万人（图 4-5），实现基金收入 3.86 亿元，基金支出 3.21 亿元；居民养老保险参保居民 33.46 万人，实现基金收入 3.16 亿元，发放养老金 1.89 亿元。在岗职工劳动工资情况如图 4-6 所示。

昌邑市
农业农村图集

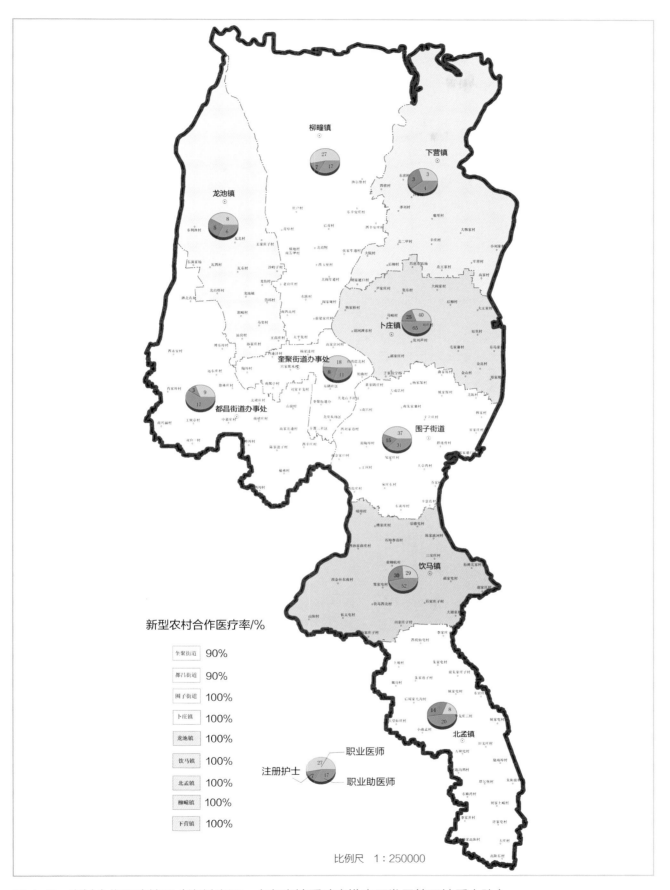

图4-5 农村合作医疗情况（资料来源：山东省地质矿产勘查开发局第四地质大队）

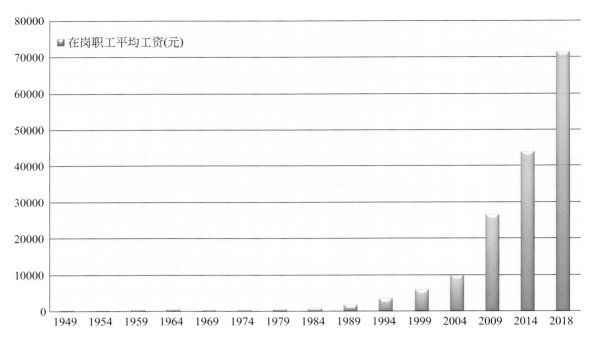

图 4-6　历年劳动工资情况（1949～2018 年）

四、社会救助体系

2018 年，全市农村、城市低保标准分别提高到每人每年 5000 元、6960 元，比 2017 年分别提高 900 元和 840 元。向城市低保户发放保障金 103 万元，向农村低保户发放保障金 1408 万元；向城市特困人员发放供养资金 11 万元，向农村特困人员发放供养资金 153 万元；医疗救助 2184 人次，发放资金 215 万元；临时救助 179 人次，发放资金 19 万元；发放残疾人生活补贴 174 万元，发放残疾人护理补贴 437 万元；发放自然灾害救助款 93 万元；发放冬春基本生活救助金 8.37 万元。救助"温比亚"台风受灾特殊困难群体 391 人，发放生活困难补助费 55 万元，救助受灾一般困难群众 229 人，发放救助金 8 万元；救助因灾损坏房屋维修补助家庭 7 户，发放资金 2.5 万元。募集善款 534 万元，其中，"慈心一日捐"募集善款 339 万元，定向捐款 168 万元，慈善基金 27 万元。

第三节 | 城镇建设和环境保护

2018 年，全市城镇化率达到 53.36％，同比提高 1.8 个百分点。推进美丽宜居村镇建设，完成小城镇建设投资 32 亿元；新建、提升改造 17 个农村社区服务中心；全市 7 个建制镇实现无害化卫生厕所全覆盖；卜庄镇获评"省美丽宜居小镇"，饮马梨花水镇、围子智能动力小镇列入潍坊市特色小镇创建和培育名单。入选国家级传统村落名录 2 个，入选中国历史文化名村 1 个，创建省级美丽乡村示范村 4 个，美丽乡村建设 B 级以上标准村庄达到 70％。

一、道路

2018年末，城区道路总长度162.93千米，人均拥有道路长度1.36米；道路面积338.35万平方米，人均拥有道路面积21.99平方米；城市桥梁29座，总长度3803.66米。

二、公共交通

2018年末，城区开通公交汽车线路13条，公交运营车辆70辆，运营总里程达500万千米/年，年客运量450万人次；出租车211辆，年客运量385万人次。

三、给排水

2018年末，城区自来水厂2座，铺设干线水管91.12千米，生产能力8万立方米/日，居民自来水普及率达100%，人年均生活用水量78.49吨，排水管道192.6千米，日污水处理能力14万吨，污水处理能力14万立方米/日，污水处理率达97%。

四、供电

2018年末，城区拥有110千伏变电站3座，35千伏变电站1座，变压器总容量为25.3万千伏安，城区供电常年平稳运行。

五、供热

2018年末，城区供热企业3个，蒸汽供热管道长度20千米，热水供热管道长度48.7千米，供热面积571.91万平方米，供热普及率达87.4%。

六、燃气

2018年末，城区天然气管线234.5千米，供（加）气站3个；天然气用户515000户，其中居民用户510000户，燃气普及率为100%。

七、园林绿化

2018 年末，城区有公园 3 个，公园面积 280 公顷，园林绿地面积 1060.78 公顷，园林绿化养护面积 590 万平方米，绿化覆盖率为 38%，绿地率为 38.29%，人均公共绿地 17.15 平方米。

八、广播电视

1958 年 5 月有线广播站正式播音，逐步发展到市至乡镇广播线路 167 杆千米，296 双线千米，乡镇到村 985 杆千米，广播线路专线化。2006 年开播广播调频台，2015 年末，广播电台有十几档广播栏目，有线电视频道采用数字化传输，全天 24 小时不间断播出，清晰覆盖昌邑市区域内电视用户。1992 年 9 月始建电视台，覆盖半径 30 千米。1996 年 1 月开通有线电视。2011 年 12 月，全面完成数字整转任务。2015 年末，安装村总数 691 个，占总村数的 100%，有线电视用户 10 万户。电视台开通 6 个频道，另有中央和省的 180 多个电视频道在本地落户，电视综合覆盖率为 100%，全年播出电视节目 37000 多小时。

九、环境保护

2018 年，全市主要污染物化学需氧量、氨氮、二氧化硫、氮氧化物排放量相比 2017 年分别削减 2.6%、5.6%、9.9% 和 4.7%。全市空气质量优良天数 241 天。$PM_{2.5}$、PM_{10}、二氧化硫和氮氧化物分别改善 9%、9.5%、19.2% 和 9.4%。市控及以上重点河流断面水质 COD（化学需氧量）平均浓度 25.94mg/L，氨氮浓度 0.56mg/L，比 2017 年分别改善了 18.1% 和 32.2%。

十、安全生产

2018 年，全市发生各类事故 1104 起，死亡 1 人。其中，道路交通事故 982 起，死亡 1 人；火灾事故 122 起。

昌邑市

农业农村图集

第五章
昌邑市农村变迁

第一节 ｜ 政区沿革

昌邑市
农业农村图集

昌邑县始建于宋朝建隆三年（公元962年），由北海县唐安乡分置。同时，县城亦移于都昌故城东另建，为以后历代县治。因其地曾为都昌之邑，故名昌邑。昌邑县历史悠久，随着历史的发展，政区建置屡经变迁，名称领属时有更易，兹将历代演变做如下考释。

夏：属青州。商：为莱国地。周：有鄑、密、邶殿、都昌和棠乡。

秦：置都昌县，属胶东郡。今饮马以南之地区属琅琊郡。

汉：置平城、胶阳、下密。

唐：初置皆亭、华池、胶东、平城和下密五县，不久皆撤销，归入北海县。

宋：建隆三年（962年），由青州北海县唐安乡置昌邑县。乾德三年（965年）改属潍州。

元：昌邑属山东东西道宣慰司益都路总管府潍州。

明：昌邑洪武十年（1377年）入潍县。二十二年（1389年）复置，改属莱州府平度州，在北部滨海设渔儿镇（今渔儿铺）巡检司。崇祯十三年（1640年）县城改建，易土为砖。始行隅、社制。

清：昌邑初属莱州府平度州。雍正十二年（1734年）改属莱州府。光绪三十四年（1908年）设四隅、四乡、一〇六社。宣统二年（1910年），改行区的建制。

中华民国：

1913年（民国二年）裁府，属胶东道，设十个区。

1925年，属胶莱道。

1928年废道，直属山东省。

1938年，属第十七行政督察区。

1939年后属第十三行政专员公署。

1941年，抗日民主政权昌邑县人民政府在瓦城成立，直辖县境北部地区，属胶东区西海专区，1942年7月改属清河区清东专区，1944年属渤海区第五专区。1944年5月与潍北县合并称昌潍县，属渤海区第五专区。

1945年6月复分，改属胶东区西海专区。

1945年8月，原昌邑第十区即宋庄及其以南地区划入平度和高密，随后又分置，初为昌南行署，

10月改建昌南县，属西海专区。

1948年，昌邑县设12个区，辖478个村，昌南县设14个区，辖417个村。

中华人民共和国：

1950年5月，昌邑、昌南2县改属昌潍专区（昌潍地区、潍坊地区、潍坊市），昌邑县设12个区，辖99个乡；昌南县设12个区，辖97个乡（图5-1）。

1956年4月，昌南县并入昌邑县，全县划分为14个区，辖4个镇123个乡，856个自然村。

1958年2月，撤区并乡，全县设4个镇21个乡，9月，撤销乡镇，成立15处公社（图5-2）。

1960年，为修建峡山水库，地处水库内的高戈庄公社撤销。

1962年5月，将城关公社西南部34个生产大队划出，另立王耨公社。

1964年2月，析石埠公社东部，另立流河公社。

1980年6月，又从柳疃公社析出青乡公社，从围子公社析出仓街公社，从丈岭公社析出塔耳堡公社。

1982年3月，王耨公社更名为南逢公社，至此，全县有19处公社，799个大队。

1983年5月，撤销南逢、双台、龙池、青乡、柳疃、东冢、夏店、卜庄、仓街、围子、宋庄、石埠、流河、饮马、北孟、塔耳堡16个公社，分别建立南逢、双台、龙池、青乡、柳疃、东冢、夏店、卜庄、仓街、围子、宋庄、石埠、流河、饮马、北孟、塔耳堡16个乡，以上乡的行政区划均为原公社的行政区域。撤销峱山、丈岭两处公社，建立峱山、丈岭、太保庄3个乡。以原峱山公社的峱山站等39个村为峱山乡的行政区域；以原丈岭公社丈岭站等41个村为丈岭乡的行政区域：以原峱山公社的望仙埠等36个村为太保庄乡的行政区域。调整后，昌邑县辖城关1个镇和19个乡（图5-3）。

1984年3月，柳疃、围子、石埠、饮马、峱山5个乡撤乡设镇。

1984年10月，将城关镇的徐家鄞水等39个村划出，建立李家埠乡。将东冢乡的西下营等5个行政村划出，建立下营镇。撤销塔耳堡乡，建立塔耳堡镇。原城关镇划出李家埠乡后，建立都昌镇。调整后，昌邑县辖8镇14乡，812个行政村（图5-4）。

昌邑市
农业农村图集

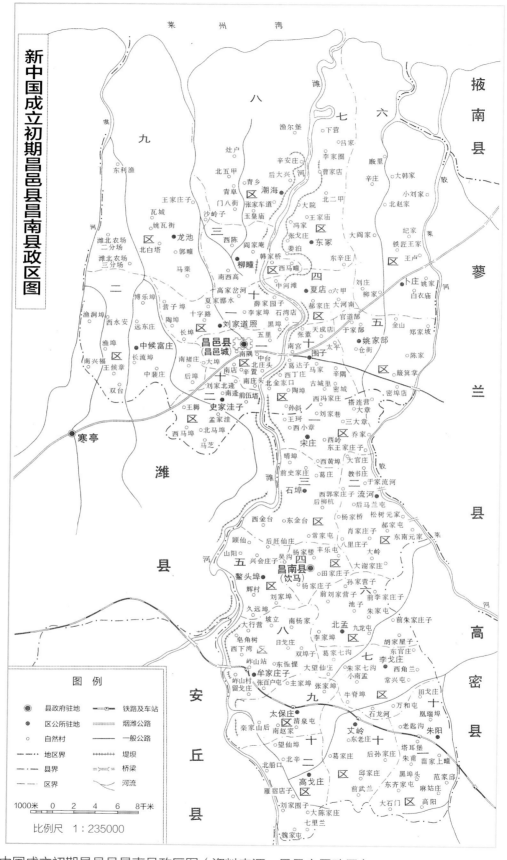

图 5-1　新中国成立初期昌邑县昌南县政区图（资料来源：昌邑市民政局）

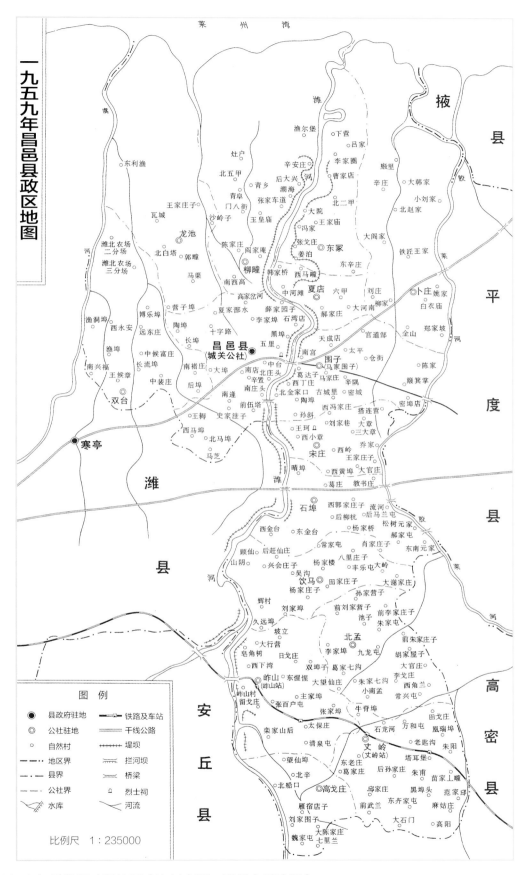

图 5-2　1959 年昌邑县政区地图（资料来源：昌邑市民政局）

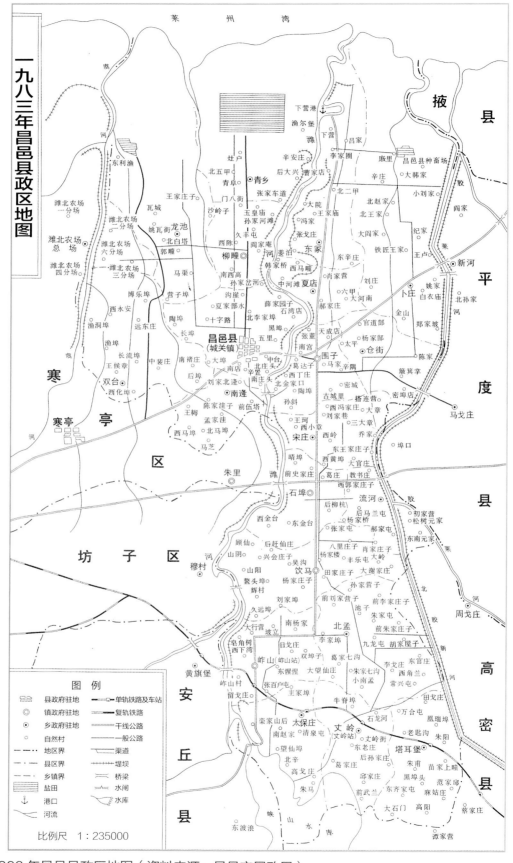

图 5-3　1983 年昌邑县政区地图（资料来源：昌邑市民政局）

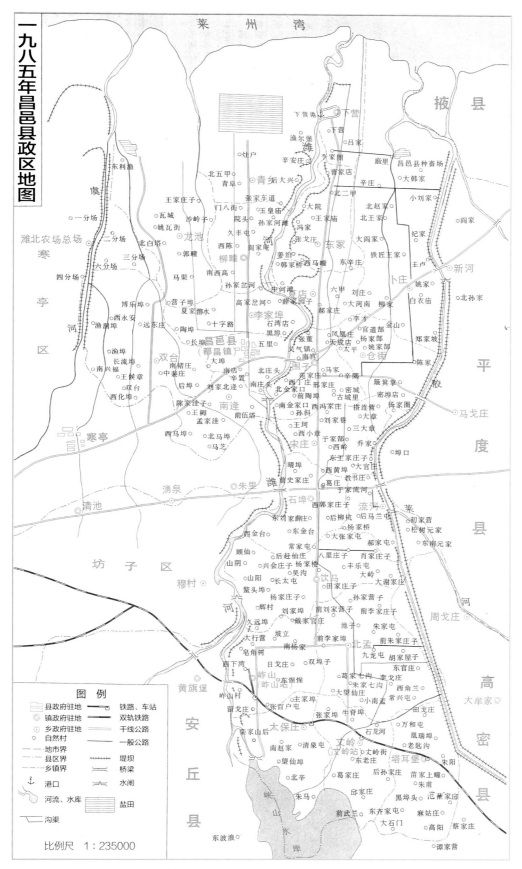

图 5-4　1985 年昌邑县政区地图（资料来源：昌邑市民政局）

1993 年 7 月，龙池、青乡、卜庄、仓街、丈岭 5 个乡撤乡设镇。

1994 年 6 月，撤销昌邑县，改设县级昌邑市。1996 年 12 月，北孟乡、李家埠乡撤乡设镇。

1997 年 7 月，撤销都昌镇，分设奎聚、都昌 2 个街道；宋庄乡撤乡设镇，至此，全市共设 2 个街道、15 个镇和 6 个乡，共 23 个乡级组织。

2001 年 3 月，夏店乡撤乡设镇，同时，撤销南逢乡，并入都昌街道；撤销李家埠镇，并入奎聚街道；撤销青乡镇，并入柳疃镇；撤销下营镇、东冢乡，并入夏店镇；撤销仓街镇，并入围子镇；撤销流河乡，并入石埠镇；撤销塔耳堡镇，并入丈岭镇，至此，全市共设奎聚街道、都昌街道、龙池镇、柳疃镇、夏店镇、围子镇、卜庄镇、宋庄镇、石埠镇、饮马镇、北孟镇、峱山镇、丈岭镇、双台乡、太保庄乡共 2 个街道、11 个镇、2 个乡。

2007 年 8 月，撤销双台乡，并入都昌街道；撤销宋庄镇，并入围子镇；撤销夏店镇，并入卜庄镇；撤销石埠镇、峱山镇，并入饮马镇；将丈岭镇的田戈庄等 45 个村并入北孟镇；撤销太保庄乡，并入丈岭镇，随后丈岭镇更名为太保庄镇。

2007 年 9 月，太保庄镇划归坊子区。2009 年 5 月，饮马镇西北院等 48 个行政村和北孟镇横路屯等 3 个行政村划归坊子区太保庄镇。

2009 年 10 月，从卜庄镇析出荣乌高速公路以北区域设下营镇；北孟镇小营村划归饮马镇。

2010 年 6 月，撤围子镇改设围子街道。调整后，昌邑市辖龙池、柳疃、下营、卜庄、饮马、北孟 6 个镇和都昌、奎聚、围子 3 个街道。

2015 年末，辖有奎聚、都昌、围子 3 个街道，龙池、柳疃、卜庄、饮马、北孟、下营 6 个镇，共 9 个乡级政区；辖有 649 个村民委员会，42 个城市社区（表 5-1、表 5-2）。

表 5-1　2015 年至今昌邑市街道、镇基本情况一览表

标准名称	群众自治组织数量			群众自治组织管辖居民点数量			总人口/万人	总面积/平方千米
	总体数量	其中居委会数	其中村委会数	总体数量	其中城镇居民点数	其中农村居民点数		
奎聚街道	60	21	39	60	21	39	8.79	67.77
都昌街道	82	21	61	82	21	61	8.82	191.40
围子街道	127	0	127	133	5	128	10.11	159.21
柳疃镇	72	0	72	75	2	73	4.72	324.66
龙池镇	27	0	27	27	2	25	2.50	182.43
卜庄镇	95	0	95	99	1	98	5.43	145.61
饮马镇	101	0	101	102	6	96	8.55	166.10
北孟镇	92	0	92	95	3	92	7.15	175.21
下营镇	35	0	35	41	1	40	2.40	215.09
合计	691	42	649	714	62	652	58.47	1627.50

表 5-2　昌邑市功能区基本情况一览表

标准名称	群众自治组织数量			群众自治组织管辖居民点数量			总人口/万人	总面积/平方千米
	总体数量	其中居委会数	其中村委会数	总体数量	其中城镇居民点数	其中农村居民点数		
石埠经济发展区	67	0	67	68	3	65	4.74	96.24

注：石埠经济发展区的 67 个村民委员会行政区划属饮马镇。

第二节 | 村庄面貌演变

昌邑市
农业农村图集

　　新中国成立以来，昌邑市始终追随着党和人民的脚步，无惧挑战，勇往直前。在党和几代人民的不断努力下，昌邑市农村已呈现出错落有致、焕然一新的农村面貌。农村的变迁是历史的写照，是党和人民艰苦奋斗的荣耀勋章。农村的土地问题得到了解决，现如今农村的面貌又得到更好的改善，"绿水青山就是金山银山"的理念深入人心，各地积极推进美丽宜居乡村建设，村容村貌日益干净整洁。从新中国成立到今天，农村面貌发生了翻天覆地的变化，从饥饿到全面小康生活水平，从土坯房到小洋楼……百姓生活丰富多彩，农村呈现一片欣欣向荣的景象。

　　20 世纪 70 年代，昌邑市农村的房舍大多是土搭墙、草坯屋、木窗棂。那时的冬季，少有家庭舍得用煤取暖。

　　20 世纪 80 年代，玻璃门窗和瓦房逐渐代替了木窗棂和草坯屋，成了农家房屋的标配。玻璃窗的御寒能力比纸糊的窗户好很多，房间里也更明亮。

20 世纪 90 年代，村子里农家院落的栅栏变少了，多数人家都盖起了漂亮的院落大门，还有整齐的青砖院墙。那个时代，水磨石装饰的大门柱子很流行，瓦匠往往会用不同颜色的水磨石拼几个菱形的图案在门柱上。浮台（烟筒）也都采用陶制成品了，不再用砖砌制。

　　当下，昌邑农村正处于社区化转型阶段，经济条件好的村子盖起了农家别墅，转型步伐快的村子建起了集中居住的现代小区。现如今，涌现出一大批经济强、环境美、特色明、民风正的美丽乡村。

　　农村居住条件大幅改善，每户平均拥有至少一套住房。通过以"旧换新、以小换大、以劣换优"，以往简陋的平房、瓦房、筒子楼逐渐被规模化、专业化、园林化的物业管理小区所替代。老旧小区旧貌换新颜，实现小区由"旧"至"新"、由"乱"到"齐"、由"脏"到"净"的转变。

第三节 ｜ 经济发展

农村居住条件的逐步改善，意味着农民的生活水平得到了恰当的发展。新中国成立之初，昌邑市地区生产总值为 1900 万元。自实行改革开放后，地区生产总值快速提升，改革开放 20 年达到 45.69 亿元，2008 年达到 183.63 亿元。近年来发展力度进一步加大，2018 年再创新高，达 470.37 亿元（图 5-5）。

昌邑市地区总产值的提升促进了财政总收入的提升。1949 年，昌邑市财政总收入仅为 44 万元。改革开放 20 年，达 2.72 亿元。2008 年，继续增长到 16 亿元。2018 年财政总收入继续发展，达 69.37 亿元。昌邑市财政总收入逐年增加，并且一直呈现出较强的增长活力。

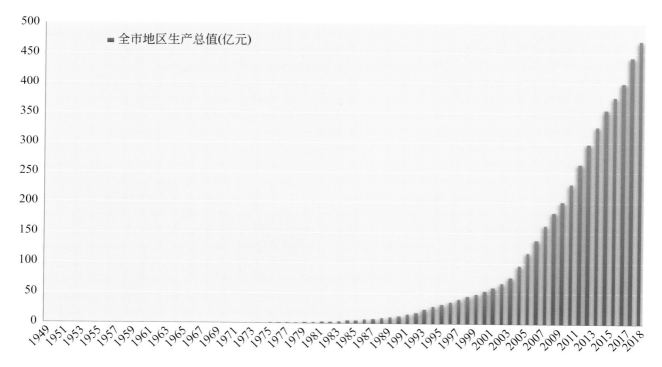

图 5-5　全市地区生产总值

财政收入的发展与工业总产值同样有着紧密的联系。一定程度上，稳定的工业总产值可以促进财政总收入的发展，而财政收入又可以促进工业的发展。二者呈现出正比的关联关系。1949 年昌邑市工业总产值为 320 万元。随着改革开放的推进以及新技术的兴起与发展，昌邑市的工业情况也得到极大的改善。改革开放 20 年，工业总产值达 89.17 亿元。2008 年，在此基础上继续发展，全市实现工业总产值 550.3 亿元。2017 年，进一步提升到 1114.05 亿元（图 5-6）。由此看出，昌邑市工业总产值展现出强劲的发展趋势。

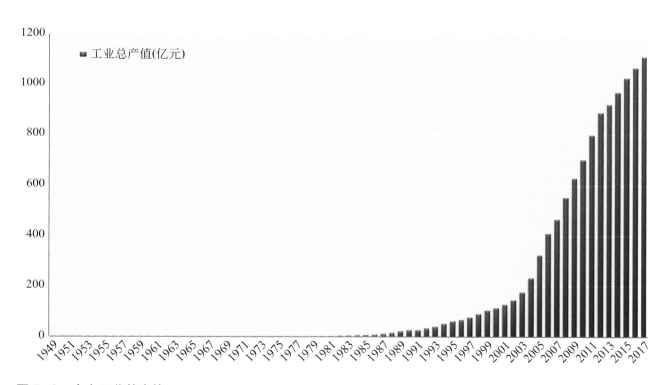

图 5-6　全市工业总产值

　　工业、农业快速发展的同时亟需相关人员投入其中去，因此创造了大量的就业机会，使得农民有了稳定的收入。2017年，全年城镇新增就业6467人，新增农村劳动力转移就业7456人，城镇失业人员再就业2000人，就业困难人员就业301人，城镇登记失业率在2.19%，继续保持较低水平。接收实名登记高校毕业生1506人，实现就业创业1506人，就业率达到100%。新增创业实体10760个，创业活动参与指数为13.36%。开展职业技能培训4250人。举办公益招聘活动100场次，256家参会企业提供就业岗位6997个，实现参加养老保险的新就业人员5700人。发放创业担保贷款5390万元，发放一次性创业和岗位开发补贴11.2万元。全年考录公务员26名，招录事业单位工作人员269名、"三支一扶"11名。

　　农民的收入与就业是密不可分的。就业情况的逐步改善，增加了稳定收入的农民群体数量。同时，随着工业和农业的发展，以及国家对各方面的大力补贴，农民的人均收入也呈现出强劲的生命力。1949年，昌邑市农民人均纯收入为42元。改革开放20年，农民人均纯收入为3448元。2008年实现了7000元新的突破，农民人均纯收入为7059元。

第四节 | 交通演变

　　快捷便利的交通有利于促进实物的运输，包括货物原料产出与产入、设备的方便引进、人员流动等都影响生产效率。过去，无论是村中道路，还是田间道路，都是坎坎坷坷、坑坑洼洼，一遇雨水，道路更是泥泞不堪，寸步难行，就连行走都成了问题。可现在不一样了，村子里的道路基本实现了柏油路覆盖，田间道路也修缮一新，通行不成问题。

　　农村居民出行，早期主要靠双脚，自行车比较普及，我国当时也被称为"自行车王国"。那时，城乡二元格局非常严重，农民被限制在土地上，去的最远的地方基本就是县城。农村居民的出行工具，从造型单一的"飞鸽""永久"牌自行车，发展到五彩斑斓、造型各异的各型自行车，然后发展到各式电瓶车、摩托车，到今天，很多家庭都拥有了小轿车，高铁已渐渐成为广大居民首选的长途出行交通工具。出行工具的变化发展，可以看出人们的生活水平极大地提高，农村正在发生着翻天覆地的变化。

　　2010年，昌邑市共安排农村公路改造项目76个，186.3千米，总投资1.6亿元，工程合格率达到100%，优良率达到85%。完成"村村通"工程71个，152.9千米，实现了100%的行政村通油路目标，使全市691个行政村、58万人口获益。全年共完成工程建设投资1271.1万元，其中改造昌灶路面塌陷工程，完成投资15万元；青渔路挖补罩面工程完成投资520万元；靶杨路挖补封面工程，完成投资670万元；对232.1千米17条县乡道路进行了小修保养，完成投资66.1万元。实际综合好路率达到80%以上。重点工程建设进展顺利。新建昌邑市汽车总站工程顺利完工，并交付使用。汽车总站工程占地83.8亩，总投资4800多万元，是昌邑市跨潍河发展的重点工程之一。到2017年，全市公路通车里程达2067千米。全市营业性机动车辆5365辆。其中，营业性货运车辆4737辆；营运性客运车辆628辆（其中出租车210辆）。当年新增营业性货运汽车715辆，新增运力9500吨。完成客运量1529万人次，同比增长1.8%；完成货运量1537万吨，同比增长1.9%。货运周转量470838万吨·千米，旅客周转量17125万人·千米。全市公交车新能源（纯电动）车辆达267辆，清洁能源（CNG）车辆达66辆。改造城乡公交线路11条，总里程419千米。

第五节 | 通信发展

　　社会的发展离不开通信的进步，准确及时的消息对社会的发展起着引导促进的作用。1950 年邮电局系统刚成立时，昌邑县配备了 4 辆自行车（昌邑县和昌南县各两辆），至 1957 年（昌南县于1956 年合并回昌邑县），配备至 24 辆。

　　20 世纪 80 年代前，人们对外联系的主要方式就是写信，一个信封、一张邮票，投递到邮筒里，经过十余天的周折，心中的话语传到了远方亲人的眼里。1974 年以前，昌邑县邮电局位于城里街正对招待所南门位置。营业室外靠城里街的绿色邮筒，就是昌邑人与外界书信交流的"信息端口"。

　　1989 年，昌邑启用国标信封，1990 年启用邮政编码，编码范围 261300 ~ 261326。由此，昌邑信函业务进入机器分拣时代。

昌邑县邮电局

1991 年起，昌邑长途电话由人工接续改为程控交换，昌邑区号 05463，电话开始进入家庭；1995 年并入潍坊 C3 网，区号与潍坊市统一为 0536；1998 年全县电话用户实现长途直拨，平均每百户家庭装机 7.64 部；2001 年，农话市话合并，实现城乡同价；2005 年，实现平均每百户家庭装机 95 部。

1993 年 2 月，昌邑引进摩托罗拉"模拟 900M"移动通信基站，同年三月开通 126 寻呼台，寻呼机和模拟信号"大哥大"进入昌邑市场。当年寻呼机放号 706 户，"大哥大"模拟无线电话 119 部。

1996 年，建成数字移动通信基站，市民用上 139 号段数字移动电话。

1998 年 8 月，寻呼机用户达到顶峰 13150 户，随后由于手机短信的普及，寻呼机逐渐退出昌邑市场。

2009 年，昌邑无线通信进入智能手机时代。到 2010 年，全市邮政业务收入完成 4611.51 万元，占计划的 108.45%，收入居潍坊市第一位，增幅居第二位。物流业务收入完成 222.15 万元。函件业务收入 437.25 万元，同比增长 7.6%。报刊业务收入 241.05 万元，同比增长 9.9%。实现集邮收入 387.67 万元，同比增长 78.7%。电子商务业务收入 54.66 万元，同比增长 6.5%。高度重视短信业务发展，全市完成短信业务收入 37.65 万元，同比增长 80.81%。全部电信企业实现电信业务总量 26446 万元，同比增长 7.1%。移动电话用户发展到 41.64 万户，同比增长 2.2%。住宅电话用户达 6.58 万户，其中，乡村住宅电话用户达 4.49 万户。国际互联网用户达 6.09 万户，同比增长 33.8%。

2017 年，全市全部电信企业实现电信业务总量 31567 万元。本地电话用户达 74.52 万户。其中，移动电话用户 66.29 万户；固定电话用户 8.22 万户，其中住宅电话用户 7.81 万户。互联网用户达 80.46 万户。其中，固定宽带用户 15.97 万户，手机上网用户 64.49 万户。年末数字电视用户达 11.73 万户。

第六节 | 教育、文化、体育发展

农村生产生活水平提升的背后，乡村公共服务水平全面提升提供了强大支撑。

任何事业的发展离不开知识的学习以及人才的培养，由此教育就显得十分重要。

新中国成立初期，昌邑市有学校 366 个，在校学生人数为 21527 人。随着教育事业的不断改革与发展，到 1985 年学校数目达到 1239 个，在校学生人数为 12.8 万人，专职教师人数为 6559 人。自 1985 年后，学校数目减少，学生人数和教学质量不断提升。到 2005 年，学校总数接近于新中国成立初期的总数，为 362 个，在校学生人数为 10.7560 万人。全市义务教育基本实现均衡发展，更多农村孩子享受到更好更公平的教育。到 2018 年，学校个数缩减到 204 个，在校学生数为 7.374 万人，专职教师数为 6233 人（图 5-7 ～图 5-9）。

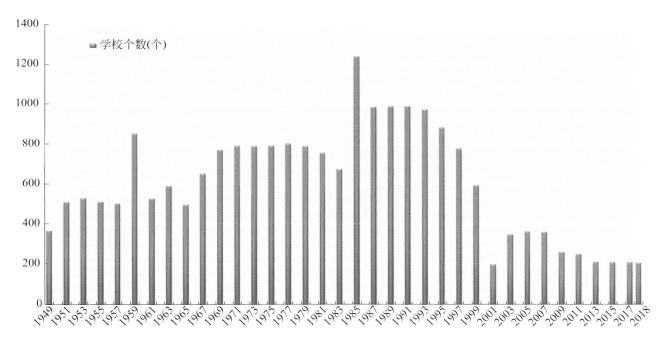

图 5-7 全市学校数量（1949 ～ 2018 年）

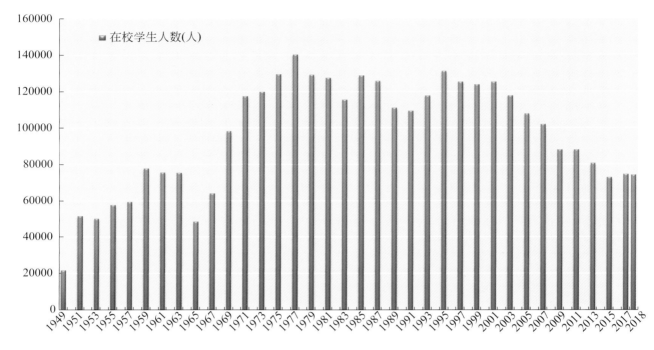

图 5-8　全市在校学生人数（1949 ～ 2018 年）

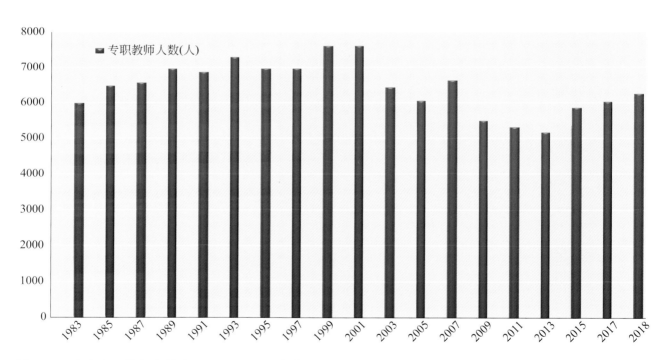

图 5-9　全市专程教师人数（1983 ～ 2018 年）

昌邑市
农业农村图集

昌邑从 1986 年实施九年制义务教育，1988 年实行校长负责制。至 2005 年，全市小学适龄儿童入学率、年巩固率均达 100%；初中适龄少年入学率达 99.77%，年巩固率达 98.95%。自民国时期，昌邑新学堂教育就走了在了全省的前列，昌邑凤鸣学校、育秀学校、德育小学、昌邑一中、文山中学、昌邑师范等学校，都有着悠久的历史。

1. 凤鸣学校

　　前身为凤鸣书院，清道光二十七年（1847 年），昌邑知县刘扬廷、典史姜炤倡导捐款，将始建于明朝的"诂经书院"改建为"凤鸣书院"，院址城里街（原东西大街）金通大药房后邻，后大街以南。

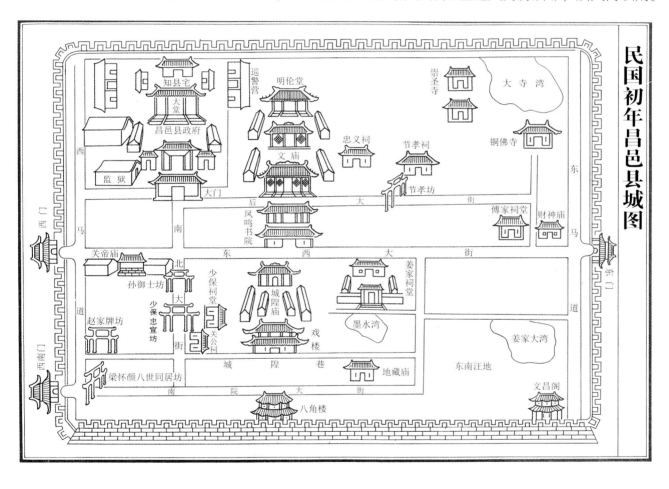

清末民初，凤鸣书院占地约四亩，房舍 112 间，为当时文士讲学和科举考试场所。

昌邑市于 2017 年复建凤鸣学校，校址位于院校中街以南、文西路以东。设置小学部 24 个班，初中部 12 个班，可容纳 1680 余名学生。学校建有初中、小学双面教学楼两栋，包含风雨操场、游泳馆、多功能报告厅的综合楼一栋，占地 45.4 亩，建筑面积 1.6 万平方米，总投资 1 亿元。

2. 昌邑一中

1946 年 1 月，昌潍联办中学在潍北（今寒亭区）张家院成立。

1947 年 1 月，迁址平西县（今平度市）辛安村。

1947 年 6 月，更名"西海中学昌潍分校"，迁址昌邑县马家围子村。

1947 年 7 月，迁址昌邑县夏店村。

1947 年 9 月，迁址蓬莱金果山区。

1947 年 10 月，更名"昌潍中学"，迁址昌邑县姜家泊村。

1948 年 1 月，学校停办。

1948 年 10 月，迁址昌邑县董家城后村。

1949 年 2 月，更名"胶东区潍昌中学"。

1949 年 5 月，更名"山东省立昌邑中学"。

1951 年 4 月，更名"山东省昌邑中学"。

1953 年夏，迁址昌邑县都昌故址（今北海路以西校址）。

1956 年 8 月，更名"山东省昌邑第一中学"。

1969 年，更名"昌邑县城关中学"。

1973 年，更名"昌邑县第一中学"。

1994 年 7 月，昌邑撤县设市，学校更名"昌邑市第一中学"。

2010 年 8 月，学校迁址潍水之滨现址。

注：1984 年 8 月，昌邑县龙池中学并入昌邑县柳疃中学。

1986 年 8 月，昌邑县双台中学并入昌邑县柳疃中学。

1997 年 2 月，昌邑市柳疃中学更名为昌邑市第六中学。

2008 年 12 月，昌邑市第六中学并入昌邑市第一中学。

2017 年，全市组织开展 100 余场大型群众文化活动，参与演出的文艺队伍达 80 余支 3000 余人，受益群众 50 万余人次。举办大型书画展 12 场，展出作品 2500 余幅，近 3 万人参观展品。综合性文化服务中心建设卓见成效，建成 622 个村（社区）综合性文化服务中心，建设达标率为 91.02%。10 个省定贫困村全部达标建成文化活动室，达标率 100%。潍坊市级非遗项目增至 24 项。昌邑砖雕传承人姜占元入围第五批省级非物质文化遗产项目代表性传承人。省级重点文物保护单位数量增至 28 处。

在体育事业方面，昌邑市始终重视强化市民体魄，发扬奥运精神，为国家培养和输送体育人才。2010 年，体育基础设施建设不断加强，社区体育标准化设施覆盖率达 100%，极大地满足了村民半小时活动圈健身的需求。经常参加体育锻炼的人数达 32 万人，约占总人口的 49%。在淄博举行的山东省第 22 届运动会上，昌邑市手球队代表潍坊市参赛获冠军，输送至省队的优秀运动员宫向阳获 1500 米、3000 米两项桂冠，其他输送至排球、举重、摔跤、篮球的运动员也均取得较优异成绩；在 2010 年度潍坊市少年田径、篮球、排球、举重、射击、摔跤等共 13 个项目的比赛中，获得奖牌 130 余枚。达 2017 年，全市继续推进"村村有"农民健身工程，农民健身工程覆盖率超过了 90%。再增公共健身用地 4.5 万平方米，人均体育用地达 2.1 平方米。全年组织和参加潍坊市级以上比赛 18 项，90 多个个人和 6 支代表队在各类比赛中分获冠、亚、季军。20 余名昌邑籍运动员入选国家队、国青队及省运动队。于晓明、孙晓帅在第十三届全国运动会上分别夺得女子橄榄球、男子排球冠军。全市新增健身类俱乐部、零售门店等经营场所 10 余处。

第七节 | 医疗卫生与城镇建设

新中国成立初期，广大农村缺医少药，农村养老保障尚属空白。改革开放后，尤其是中共十八大以来，农村养老服务能力和保障水平逐步提升，"养老难"问题逐步解决，昌邑市的医疗体制和卫生事业也在不断发展与完善。

新中国成立初期，由于各方面的限制，昌邑卫生机构有且只有 3 所，卫生机构床位数为 5 张，卫生技术人员 14 人。到 2009 年，昌邑市卫生事业发生了巨大的变化，卫生机构增加到 397 所，卫生机构床位数为 1515 张，卫生技术人员 2507 人。到 2018 年，全市医疗卫生体系得到进一步健全，共 563 处卫生机构，卫生机构床位数为 2098 张，卫生技术人员达 2917 人。

医疗体制和卫生事业也在一定程度上协调了出生率和死亡率之间的关系，使自然增长率维持在一定的范围之内。据统计，昌邑市 1949 年末人口总数为 47.88 万人，其中非农业人口为 0.48 万。随着计划生育政策的实施，总人口数始终控制在一个稳定的范围之内。至 2010 年，低生育水平得到进一步保持，据公安年报统计，年末总户数为 183186 户，总人口为 581470 人，其中男 289985 人，女 291485 人。全年出生人口 4744 人，出生率为 8.18‰；死亡人口 5003 人，死亡率为 8.63‰；全年净减人口 259 人，自然增长率为 −0.45‰。到 2018 年末，全市总人口数为 58.68 万人。全年出生人口 5023 人，死亡人口 4512 人，自然增长率为 0.87‰。

上述各个方面的发展，极大地促进了昌邑市的全面发展，城镇建设发展比较迅速。

2017 年，全市城镇化率达到 51.56%，同比提高 1.2 个百分点。全市总投资 3.6 亿元的 74 项市政基础设施工程建成投入使用，排水管网雨污分流比例达到 87% 以上，建成海绵城市面积 2.1 平方千米。全年污水处理率达到 99%。供热管网覆盖面积达到 700 多万平方米。主要道路路灯装灯率达到 100%，亮灯率达到 99% 以上。

全市小城镇建设完成投资 30.2 亿元，全面启动特色小镇建设，重点规划建设了饮马梨花小镇、柳疃丝绸之乡小镇、围子高铁新城花彩小镇等 10 个特色小镇。龙池镇齐西村成为获中央财政支持的传统村落，饮马镇山阳村获评全国美丽乡村示范村。卜庄镇夏店街村被列入省第四批传统村落、姜泊村列入省第四批历史文化名村。

　　新农村建设是以旧农村为基础，在党和人民攻苦食淡、呕心沥血和艰苦奋斗中逐步成长和发展起来的，是党和人民不断实践的必然结果。近些年来，昌邑市社会主义新农村建设谱写了一个又一个新的篇章。未来，我们相信，党和人民一定会把昌邑市建设得更加美好，更加辉煌！

　　附：

昌邑市示范镇街（2 个）：龙池镇、柳疃镇

昌邑市示范村（24 个）：

龙池镇：岱邱村、龙北村、西白塔村、齐西村

柳疃镇：刘家庄村、西付村、院头村、刘家车道村

奎聚街道：张家辛庄村、吴家辛庄村

都昌街道：岞埠村、家庄村

围子街道：仓街村、于家郚村

下营镇：东营村、军营村

卜庄镇：白衣庙村、东峰台村

石埠经济发展区：流河一村、付家庄村

饮马镇：左家营子村、张家屯村

北孟镇：太平村、小南孟村

第六章

昌邑市农业发展

第一节 | 发展优势

一、自然资源条件良好

昌邑市属暖温带半湿润季风区大陆性气候，气候温和，四季分明，光热水资源充足。土壤肥沃，生态环境较好，工业污染较小，适合多种作物生产。

二、符合产业振兴规划

昌邑市是国家优质粮食生产基地，市委、市政府高度重视粮食生产。在今后的发展中，农业生产将得到国家更多的政策倾斜与支持。特别是中央对建设社会主义新农村采取"城市支持农村，工业反哺农业""多予、少取、放活"等的政策和国家对"菜篮子""米袋子"工程的高度重视，以及昌邑市农业产业结构调整确定的特色农业、有机农业的定位，为发展农业生产创造了良好的政策基础。

三、产业基础扎实

全市农业生产基础条件较好，耕地面积达 73675.13 公顷。昌邑市农业生产经过多年的发展，打下了扎实的产业基础。一大批生产基地通过了无公害、绿色、有机产品认证，并创出了一批品牌。广大农民积累了丰富的经验，掌握了一定的先进技术，种粮、种菜积极性较高。技术推广体系健全，产前、产中、产后服务体系完善。

四、区位优势明显

市域内道路四通八达，形成网络，是山东省重要的交通枢纽。青银、潍莱、荣乌高速公路及胶济铁路、大莱龙铁路横穿东西，省道下小路纵贯南北，国道 206 线、309 线、潍胶公路及环渤海公路均穿越境内；距青岛国际机场 150 千米，距潍坊机场 30 千米，距济南国际机场 200 千米；万吨级下营海港正在建设中。

五、农产品质量监管体系完善

昌邑市委、市政府十分重视农产品质量监管体系建设，先后制定并实施了《昌邑市农产品质量安全管理意见》《昌邑市农业投入品管理办法》；市成立了农产品质量检测中心，镇、街道设立了农产品质量管理办公室；在各镇、街道的基地、重点龙头企业设立农产品检测站点；基地实行档案化管理；市场准入、准出制度完善。

　　我国自古以来就是一个农业大国，新中国成立后，在党和劳动人民艰苦奋斗与顽强拼搏下，昌邑市农业的综合实力得到稳步提升。

　　农村改革废除了人民公社、统购统销等计划经济体制，实行家庭承包经营，放开了农产品市场，农民获得了生产和分配的自主权、时间和劳动的自由分配权，农产品供给更加丰富，流通范围大大拓宽，农业科技的创新、推广、应用飞速发展。针对昌邑市农业生产的自然条件特点，在坚持不懈开展土壤改良的基础上，各种农业生产先进技术陆续得到推广，特别是被称为"第三次农业革命"中的化肥应用、杂交种推广、地膜覆盖技术的推广应用，在提高农业生产水平中发挥了重要作用。

一、新中国成立初期

新中国成立初期，昌邑市农林牧渔业总产值为3286万元，七年后增加到4286万元。这期间昌邑市的农业生产逐渐恢复发展，传统的农业生产技术得到总结推广，先进的农业技术陆续得到了应用。耕地生产能力建设方面，一是在对原有水利设施进行了修复改造的同时，相继建成一批大中小型灌溉、防洪工程；二是改造修建了一批旱作农田；三是大规模恢复撂荒地、添置牲畜农具开发生产能力。耕作工具改进方面，通过开展技术改造和农业技术革新运动，修复、制造小农具，改制新农具，有效地提高了劳动效率。这一时期全省、全市推广的新农具有双轮双铧犁、十行播种机、圆盘耙、三齿耘锄、空心锄等20多种，同时装备了拖拉机等农业机械，实现了农业机械从无到有。传统技术与先进技术结合方面，推广了精耕细作、增施有机肥、合理调整株行距等实用技术。开展了第一次以推广优良农家品种为主的农作物良种更新，开始大面积推广应用化学肥料和化学农药。到改革开放前夕，1977年，农林牧渔业总产值已突破12000万元。这个时期农业生产的组织化程度得到提高，为先进农业科学技术的推广普及提供了便利条件。

二、人民公社时期

新中国成立后一直到改革开放，农村主流制度是人民公社，通俗称作"大集体"，特点就是绝对的公有制，吃大锅饭。这一时期农村的主粮是红薯（产量高，能养活更多人）。人民公社时期，村庄称作大队，大队里面有生产队，每个生产队都有自己的牲口棚、工分屋、场院。

20世纪60年代前期，通过传统农业的精耕细作与改良土壤、增施肥料、选用良种、合理密植等先进技术相结合，农业生产技术又有了进步。保土、保水、保肥"三保田"建设，成为旱作农业区耕地建设的主要措施。1964年毛主席发出"农业学大寨"的号召，全省掀起大搞农田基本建设高潮，通过修建水平梯田，拦沟打坝造地，为以后的农业生产发展特别是旱作农业发展打下了基础。1966 ~ 1976年的10年"文革"时期，农业生产条件改善，农业生产技术方面仍取得了一定成就。发展趋势势如破竹，继续稳步向前。

三、改革开放时期

20 世纪 80 年代以来，农业生产方式逐步由粗放型转变为集约型，农业多种经营迅速发展，对生产技术的进步提出了更高要求。农业技术推广由过去单纯的行政手段、无偿服务改变为经济手段与行政手段相结合、无偿服务与有偿服务相结合。农业技术的发展趋势逐步由侧重于提高工效的机械工程技术转向以增产增收为前提的生物技术；技术推广方式也由单一技术推广转变为新技术、新品种、新器械相结合，传统技术和先进技术组装配套。融政、技、物与责、权、利为一体的技术承包责任制和以工程项目为载体的技术开发推广，对推进全省农业生产技术进步发挥了重要作用。土壤改良培肥和水热资源利用方面，在注意兴修水利的同时，加强了旱作技术的开发应用，工程措施、农艺措施、化学措施配套改良盐碱地、旱薄地已成为普遍的策略。耕作方式转变为少耕或免耕等保护性耕作。大面积推广了地膜覆盖、秸秆覆盖，大面积推广了管灌、小畦灌溉、滴灌、喷灌等先进技术，肥料用量转变为以产定肥。以无机促有机和秸秆还田已成为重要的土壤培肥途径，测土配方

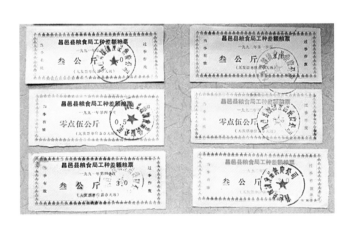

施肥成为最科学的施肥方式。在农作物品种方面，种类繁多的各种高产优质品种不断被开发、引进和示范、推广。在植物保护方面，在开展农业害虫天敌资源调查的基础上，积极推广生物防治技术，探索物理防治技术，同时化学农药应用方面，以高效、低毒、低残留的新农药代替了过去以有机氯为主的农药。在田间生产管理方面，根据品种特性、耕地条件等科学确定密度，大面积推广了模式化栽培技术。除部分丘陵山区外，大部分地区实现耕地、播种、喷药、收获机械化，塑料大棚蔬菜面积发展到50多万亩，日光温室发展到8万亩以上。特别是地膜覆盖、秸秆覆盖技术的推广，对农业结构、耕作制度、种植模式的调整与改革起到了很大推动作用，很多低产田变为高产田，旱地生产能力达到水浇地的水平。

四、现代农业建设时期

现代农业建设时期，昌邑市农业围绕保障粮食安全和增加农民收入的目标，开展了农业结构调整，在粮食生产中突出骨干品种玉米、小麦生产，在经济作物中把优质蔬菜、水果生产作为农民增收的支柱产业，对适应市场的杂粮、棉花、油料等各种优势特色农产品生产注重质量效益的提高。同时，农产品质量安全、生态环境保护、农村劳动力转移、农业可持续发展等问题也给农业技术的推广应用提出新要求。在此时期，昌邑市农业生产技术呈现出以下特点：

一是围绕农产品质量安全水平的提高，结合某地建设和产品、产地认证，大力推广无公害以及绿色、有机农产品标准化生产技术。

二是针对农业生产效益相对较低的实际，大力推广节本增效技术。如测土配方施肥，合理减少了化肥用量，秸秆还田技术，有效利用生物资源，减少环境污染；农用地膜中大量改用微膜或超微膜、渗水地膜；病虫害防治上大面积推广生物防治、物理防治技术；种子应用上推广新型包衣剂和精量播种技术。

三是针对农村劳动力转移带来的农业劳动力减少，大力推广集约节约化生产技术。如免耕少耕技术、化学除草技术、机械化作业等技术大大提高了劳动功效。同时以公共服务机构为依托、合作经济组织为基础、龙头企业为骨干、其他社会力量为补充、公益性服务和经营性服务相结合、专项服务和综合服务相协调的新型农业社会化服务体系逐步建立，改进了农业技术推广方式。

四是大量先进农业科学成果得到推广应用，如设施栽培蔬菜反季节生产技术、马铃薯种植脱毒技术、水果无病毒苗木繁育技术、棉花等作物转基因技术、工厂化蔬菜育苗和食用菌生产技术、标准化大棚养蚕等技术，对提高农产品质量和农业生产效益发挥了重要作用。

五是更加注重耕地生产能力建设和旱作节水技术的推广应用，为优质农产品创造更好的地力基础。如近年来全市实施的耕地综合生产能力建设工程、农业综合开发工程、土地整理复垦工程等。

六是随着国家对农业生产重视程度的提高，各项惠农政策相继出台，对农民直接补贴项目不断增加，补贴力度不断加大，加之各类工程项目的大规模组织实施，使先进实用技术推广更加扎实有效。

第三节 | 农机具的变化

　　农业的发展，首先体现在农业机械的演变上，农业机械化的进步既减轻了农民负担，又增加了农民收入，也提高了农业生产效率。新中国成立后相当长的一段时间，农村的生产力水平是极低的，没什么机械，耕种主要靠牛拉犁，收割主要靠镰刀，生产力水平没有太大进步。农村联产承包责任制后，农民收入水平逐渐提高，中国的农业机械开始了划时代的发展。如今走遍中国，看到最多的是大小机械屹立田间地头；物联网、大数据、电子商务等新科技已在田间地头发挥作用。

　　从 20 世纪 70 年代末开始，农业机械开始走进千家万户，生产力水平获得一次飞跃。先富裕起来的农户开始使用机械生产，引入农用拖拉机、开沟机、播种机、脱粒机等农机设备。

　　到 80 年代初期，昌邑农业机械总动力达 17.6 万千瓦，由于农村经济体制的变革，中国的农业机械化又开始出现了另一个转折点。电力、油气动力大大提升了农业生产效率，解放了人力，提高了家庭收入。农民直接购买和使用农机具，大量适合一家一户使用的，既可作为田间作业又能作为运输工具的小型拖拉机成为销售热点，与小型动力机械配套的中小型农具也大量涌入农家，在此期间，农业机械的供求关系较为协调，实际经济效益较为显著。

改革开放 20 年，农村生产力得到极大的发展，1998 年，随着农村联产承包责任制和农村经济政策的不断完善和落实，进一步调动了农民生产积极性，粮食生产得到了迅速发展，在播种面积有所减少的情况下，粮食总产量突破 50 万吨，农业机械总动力达 78.52 万千瓦，这表明农业器具的使用进一步扩大。

进入 21 世纪以后，农业产业结构快速调整。随着信息时代到来，互联网开始悄然改变整个农业生产的面貌，科学技术正在以不可思议的速度改变整个农业发展。农业物联网通过各种仪器仪表实时显示、自动控制，达到增产、改善品质、调节生产周期的目的，从而全面提高经济效益。技术人员远程控制监测大棚的环境，采用无线网络来测量作物生长的最佳条件。无人机可喷洒药剂、种子、粉剂等，其喷洒效率是人工的 30 倍，操作手通过地面遥控器及 GPS 定位对其实施控制，提高了农药喷洒的安全性，还可以通过搭载视频器件对农业病虫进行实时监控。

其间，粮食生产总量增长幅度没有改革开放时期的大。这个原因是多方面的，包括拓展耕地已接近饱和甚至逐年下降，另外也包括前期种植措施的不当导致污染环境等问题的出现。到 2018 年，农业生产总值达 32.5799 亿元，农作物播种面积和粮食播种面积较新中国成立初期已大幅降低，分别为 143.24 万亩和 121.05 万亩，但是生产力一直维持较高水平，粮食总产量为 49.82 万吨，其中夏粮产量为 28.59 万吨，棉花、花生、蔬菜和水果的产量分别为 2816 吨、8418 吨、58.13 万吨和 8.27 万吨。由于科技的推广以及节能器械的应用，农机总动力为 98.82 万千瓦，相比于 2014 年，节约了将近 100 万千瓦。

新中国成立 70 年来，农业生产从人扛牛拉的传统生产方式，发展到机械自动化智能化的现代生产方式，从"大水、大肥、大药"的粗放生产方式，转变为资源节约、环境友好的绿色发展方式，实现了从人畜力为主向机械作业为主的历史性跨越，目前全市主要农作物耕种收综合机械化率超过 90%。

第四节 │ 特色农业发展

　　为应对加入世界贸易组织后农业经济面临的挑战，山东省昌邑市找准自身优势，积极引导农民转变观念，努力改变传统农业生产模式，大力发展特色农业、订单农业、绿色农业、品牌农业，形成了昌邑农业"四柱擎天"的新格局，实现了农业增效、农民增收。

　　发展特色农业，形成一乡一品，一乡一业。紧紧围绕瓜菜、苗木、水产、林果、畜牧、桑蚕等主导产业，规划建设区域化布局、专业化生产的高效农业经济带，形成了八大主导产业齐头并进的良好局面。同时各乡镇根据当地实际，扬长避短，确立了自己的主导产业，按照"一乡一品，一乡一业，突出特色"的要求，大力发展规模经济，真正形成了"市有区域，镇有特色，村有专业，户有特长"的局面。

短短几年，全市迅速涌现出了北孟花生、都昌大姜、柳疃大枣、宋庄肉鸡、龙池水产等十几个特色乡镇和 500 多个特色专业村。发展订单农业，解决农民"种什么，怎样种，如何销"的问题。昌邑市积极组织农户在自愿、平等、互利的前提下，与企业和科研单位签订产销合同，以合同为纽带把农民凝聚在企业周围，农民揣着合同搞种养，企业按照合同收购，农民与企业结成利益共享的"亲家"，从而实现了企业发展、农民增收、产业发展"三赢"。同时，针对农民"怎样种"的问题，市政府还拨出专项资金，多次聘请山东农业大学、北京林业大学等科研院所的专家、教授来市进行技术讲座，提高农民的科技种养水平。企业派出技术人员组成服务队深入田间地头，为农户提供全程式服务，提高了农民的种养积极性，使农户吃上了定心丸。目前，全市订单农业面积发展到 7 万多亩，合同化养殖 5000 多万只（头），联合带动农民 55 万余户。

发展绿色农业、品牌农业，提高市场竞争力。从发展绿色农业入手，进一步健全完善农产品质量监测体系，严格按照国际标准组织生产，先后对肉鸡、脱毒姜、无公害蔬菜 16 个系列、40 多个品种推行了标准化生产，并分别建起了优质农产品生产基地。其中，无公害农产品标准化生产基地已发展到 30 多个，标准化饲养小区 160 多个。目前，全市已有一大批农产品获得了绿色产品证书，49 种农副产品出口到日本、俄罗斯等 14 个国家和地区。在用科技改造传统农业的同时，还积极为名优稀特农产品注册商标，先后注册了"新昌"肉鸡、"长山飞龙"花生、"龙源日昌"果品等名牌商标，使农产品冠名走进市场，大大提高了市场竞争力。

为了早日实现农业强、农民富、农村美，昌邑市大力支持特色农业产业的发展，从政策、资金、技术上跟踪服务，建立了线上线下信息服务平台，真正实现了政策在一线落实。培育农业新增长点，推进农业产业结构调整，促进农业可持续发展，进一步带动昌邑市乃至周边地域的养老业、餐饮业、旅游业等相关产业的快速发展，实现一业兴旺、多业并举，助力乡村振兴在昌邑大地的实施。

如昌邑大姜，昌邑大姜是昌邑市农民种植的传统品种，种植历史可追溯到明代初年。相传为一化缘和尚从武夷山带来，为报恩送给昌邑市伍塔村马姓村民，然后广泛种植。

2010 年，昌邑市大姜协会制定了科学严格的大姜生产标准和技术规程，在管理上实行"六统一"：统一环境质量，统一生产资料，统一管理技术，统一产品标准，统一监测方法，统一产品标识。在大姜栽培上，合作社成员由合作社统一供种，统一供肥，产品统一购销，每年统一对土壤测土一次，根据测验结果调配肥料使用。尽量减少化肥农药使用量，严禁使用剧毒高残留农药，确保产品安全和保护生态环境，从而有效地改善了大姜种植生态环境。在产品质量检测上，2010 年山东宏大生姜市场在山东省商务厅的支持下，投资 820 余万元，成立了农产品质量检验检测中心，对进入市场交易的农产品实行严格的市场准入制度。

2014 年，在国家商务部、山东省商务厅的指导下，昌邑市政府编制发布了《中国·昌邑大姜指数》"中国生姜指数发布中心"，被商务部授权落户于山东宏大生姜市场。

2017 年，昌邑市大姜生产区域申报为"中国特色农产品生姜优势区"。

昌邑市农业虽然已经取得了较好的发展成果，但是未来道路一定充满了更多的艰难与险阻。我们一定坚守本心，不断地克服未知的问题，保证昌邑市农业健康稳定可持续发展。